La economía del caos

Edición exclusiva impresa bajo demanda por CreateSpace, Charleston SC.

.CERO

EDICIONES PUNTOCERO
Caracas | Montevideo | Buenos Aires | Bogotá | Santiago de Chile
e–mail: contacto@edicionespuntocero.com
www.edicionespuntocero.com

ISBN: 978-980-7312-36-3

Diseño de colección y diagramación
Ediciones Puntocero

Fotografía de portada
Protesta pacífica 1° de mayo de 2014. Barcelona, Venezuela.
© Sonia Waleska Gómez

Corrección
Carlos González Nieto

Printed by CreateSpace, An Amazon.com Company

La economía del caos

del caos

Conversaciones sobre un país en destrucción

VÍCTOR SALMERÓN

.CERO   PUNTOCERO
NO FICCIÓN

Contenido

I. Los cavernarios

La Revolución Bolivariana, el movimiento que de la mano de Hugo Chávez y millones de petrodólares prometió convertir a Venezuela en una potencia, salvar a la especie humana, sustituir el capitalismo y financiar planes faraónicos como el Gran Gasoducto del Sur que transportaría gas desde Puerto Ordaz hasta Argentina, ha devenido en una sociedad decadente, atrapada en una economía primitiva donde la norma es sobrevivir. Al igual que el hombre de las cavernas, los venezolanos dedican gran parte del día a cubrir necesidades básicas, como obtener alimentos.

En Caracas, la ciudad vitrina del socialismo del siglo XXI, la escasez aumenta, los precios escalan, el mercado negro gana terreno y en las filas de 250 o 300 personas que esperan durante cinco horas bajo el sol a las puertas de los comercios para comprar productos básicos hay resignación; pero de pronto, la olla de presión emite sonidos inquietantes. Miembros de la cola se preguntan hasta cuándo deberán soportar el racionamiento, otros argumentan que repetir lo sucedido en San Félix, una ciudad del interior donde hubo saqueos, no es la salida pero que tal vez haga falta para lograr un cambio y algunos explican que ni en pesadillas soñaron ver soldados armados a las puertas de los supermercados.

El plan socialista engendró una masa de hombres y mujeres mortificados por la evaporación de la capacidad de compra del dinero, el miedo a perder el empleo y la obsesión por protegerse del desabastecimiento al punto de pelear fieramente por el último litro de aceite comestible en los anaqueles. En la clase media, la mayoría de las conversaciones gira en torno a cuánto costó el último mercado y el valor que tendrá el dólar paralelo la próxima semana; en los estratos de menos poder adquisitivo, la reventa de productos escasos es la fórmula para incrementar el ingreso y los trabajadores de empresas emblemáticas como Polar, el mayor productor privado de alimentos, reclaman materia prima para que las plantas continúen operando.

Bajo el influjo de un salto sin precedentes en los precios del petróleo, Hugo Chávez, quien gobernó a Venezuela desde el 2 de febrero de 1999 hasta el día de su muerte el 5 de marzo de 2013, redujo el rol del sector privado y expandió la mano visible del Estado a prácticamente todas las áreas de la economía mediante un feroz proceso de expropiación y nacionalización de empresas. La producción de estas compañías es una incógnita porque no existen cifras oficiales, pero los venezolanos tienen una muestra palpable de que el proceso marcha mal: los productos no aparecen en los supermercados, abastos, carnicerías.

En el sector de alimentos el Gobierno obtuvo el dominio en la producción de café tras asumir la administración de empresas de referencia en el ramo como Fama de América y Café Madrid; comenzó a gestionar 11 centrales azucareros de los 17 que hay en el país; fundó compañías de helados, sardinas, atún y pasó a controlar un conjunto de fábricas con capacidad instalada para abastecer la mitad del mercado de harina de maíz precocida. Al mismo tiempo, creó un rompecabezas donde distintos organismos públicos otorgan subsidios, almacenan, distribuyen y venden, mientras que las miles de hectáreas expropiadas a los «terratenientes» deberían garantizar el crecimiento de la producción agrícola en rubros como arroz, carne y leche.

Como un presagio de lo que ocurriría con buena parte de la madeja de empresas públicas queda la anécdota de los helados. El 20 de octubre de 2012 Hugo Chávez inauguró la fábrica de helados Coppelia que, de acuerdo a lo anunciado en cadena nacional, produciría 26.000 unidades diarias. Pero dos semanas después el propio Presidente admitió la paralización de la planta por la pésima planificación.

«Yo recuerdo que hicimos el pase y comimos helado, ¡hasta Fidel [Castro] me mandó un mensaje!», expresó malhumorado el «comandante eterno», como hoy se refieren a él los altos jerarcas del chavismo, y apeló a la lógica: «Si se va a inaugurar una fábrica, ¿cómo es que nadie pensó en la materia prima? ¿Tú la vas a inaugurar para un día?».

A diferencia de las empresas privadas, donde las ineficiencias y la falta de previsión conducen a la quiebra, en las compañías públicas venezolanas es posible pastar en el presupuesto nacional y recibir dosis de dinero extra para vegetar y subsistir. La gerencia no toma en cuenta nociones como reducción de costos, competitividad, rentabilidad.

Nicolás Maduro, el hombre que desde el 19 de abril de 2013 ocupa la presidencia tras ser ungido por Hugo Chávez como su sucesor y quien obtuvo una ajustada victoria electoral con apenas 1,5 % de diferencia sobre Henrique Capriles, el candidato de la oposición, no ha cambiado en nada la estructura heredada y la ausencia de las marcas que deberían provenir de las compañías públicas es evidente. Datanálisis, una de las principales encuestadoras del país, registra que 69 de cada 100 venezolanos afirman que las empresas expropiadas producen menos y ocho de cada diez entrevistados perciben una disminución de la variedad de productos y marcas al momento de comprar[1].

La oferta tampoco fluye desde el ala privada de la economía. La estrategia para sembrar el socialismo consistió en maniatar todo lo que no fue expropiado mediante una tupida telaraña de regulaciones que le cortó las piernas a la inversión y dejó anémica la capacidad para responderle al mercado. Empresarios explican que el Gobierno fija precios a sus productos que, en muchos casos, no permiten cubrir los costos y obtener una ganancia adecuada. También deben lidiar con el control de cambio, que confiere a unos pocos funcionarios públicos la facultad de decidir quiénes compran cuántos dólares y complica en grado sumo la adquisición de divisas para importar equipos o materia prima. Cosas que en otros países no representan problema alguno como el envío de un camión con mercancía a otra ciudad del territorio nacional, en la Venezuela socialista requiere de autorización previa y tampoco les está permitido a las empresas disminuir el número de trabajadores.

Mientras el mundo ingresa velozmente en la tercera revolución industrial a través de la inteligencia artificial, la expansión de la robótica, internet en todos los espacios y la impresión en tres dimensiones, las compañías inmersas en el socialismo del siglo XXI luchan por no desfallecer

---

1   La encuesta corresponde a mayo de 2015. En la ciudad de Caracas, 60,7 % de los productos esenciales presentaban escasez. Entre los casos relevantes destacaba que en 95,5 de cada 100 establecimientos no había aceite de maíz y en 83,6 faltaban el café molido, la harina de maíz precocida y la leche en polvo en sobre.

en un ambiente de negocios que hoy en día equivale a la Edad de Piedra.

A diferencia de las economías modernas donde las empresas identifican las necesidades del consumidor y compiten a través de sus productos, los venezolanos no tienen capacidad de elección: adquieren lo que reposa sobre el estante, ya no están en condiciones de evaluar la calidad o la marca. Es un mercado dominado por los vendedores, donde el comprador forzosamente tiene que adaptarse a lo que haya.

«Mi hijo se ha acostumbrado a la leche descremada, es la única que encuentro», me explica una mujer que abraza dos litros como quien se topa con un tesoro insospechado.

A través del control de cambio el Estado ha sido víctima de una rapacidad insaciable. La jerga de la corrupción define como «empresas de maletín» a compañías recién creadas que reciben millones de dólares para importaciones que nunca llegan a los puertos venezolanos. También existe la «sobrefacturación», empresas que importan productos que, por ejemplo, cuestan 100 dólares pero con facturas ficticias obtienen 200 dólares. Gracias a prácticas de este tipo la riqueza petrolera se asemeja a una gran piñata sobre la que se abalanzan grupos conectados al poder.

La norma es el silencio, se desconoce el resultado de supuestas investigaciones, pero funcionarios han deslizado cifras escandalosas. Edmée Betancourt, cuando estaba al frente del Banco Central de Venezuela, afirmó refiriéndose a 2012 que «lo que se entregó en divisas fueron cantidades muy considerables, pero también hay otra cantidad considerable de divisas que se llevó a empresas de maletín (...) se pasaron entre 15.000 y 20.000 millones de dólares».

Diosdado Cabello, presidente de la Asamblea Nacional, señaló que las autoridades realizaron un cruce de datos en octubre de 2013 y detectaron empresas a las que la Comisión de Administración de Divisas (Cadivi) les asignó dólares a pesar de que no pagaban impuestos a la nación.

«La gente que se mete en negocios quiere hacerse de mucha plata en muy poco tiempo, eso es propio del sistema capitalista. Cadivi en su momento pudo haber funcionado de manera eficiente pero el capitalismo le da vuelta y vulneraron el sistema. Ya están chequeadas las empresas que reciben dólares en Cadivi y las que pagan impuestos. No declaran [impuestos]», explicó.

Luego resumió de esta manera la corrupción en el sistema: «Piden un recurso para traer alguna cosa en particular [las empresas] y nunca la traen y no hubo ese chequeo, no hubo ese control».

Rafael Ramírez detalló el 11 de octubre de 2013 en una rueda de prensa, cuando aún era vicepresidente del área económica, otra modalidad de hurto: «Agarran los dólares y en vez de traerte el alimento no te lo traen. O le ponen en Panamá un sobreprecio, tal empresa en Panamá le compra a otra empresa en Nueva York, o en China u otro destino pero la factura la hacen en Panamá con un sobreprecio de 30 % o 40 %. Entonces nos están robando».

El 20 de marzo de 2015 Jorge Giordani, el principal arquitecto de la política económica que Hugo Chávez aplicó durante sus catorce años de gobierno y quien estuvo al frente del Ministerio de Planificación hasta junio de 2014, admitió con amargura: «¡Tanta gente que anda robando por allí, en el Gobierno! ¡Y sigue robando, carajo! ¿Y entonces? ¿Hasta cuándo?».

El espejismo

Pero este entorno que en otro país hubiese desencadenado una crisis de grandes proporciones, hasta no hace mucho estuvo en segundo plano, solo en boca de economistas y empresarios. En 2012, año en que Hugo Chávez disfrutó su última victoria electoral, la fiesta parecía no tener fin. Las importaciones se dispararon al nivel más elevado desde 1997 y productos de todo tipo colmaron los anaqueles, mientras que abundantes cucharadas de gasto público incrementaron los salarios, la nómina de los ministerios y la contratación de obras, imprimiéndole vigor al consumo. Ningún pronóstico auguraba infortunios, salvo la extrema fragilidad de un modelo sostenido por un ladrillo muy poco confiable: el precio de la cesta petrolera venezolana, que se había cotizado en la cumbre de 103 dólares el barril. Cuando el oro negro detuvo el ascenso y se estabilizó en torno a 95 dólares emergieron las primeras señales de alarma. Luego, cuando a finales de 2014 el crudo inició el declive y cayó por debajo de 50 dólares en 2015, no hubo escapatoria y el país ingresó en un túnel de precariedad.

El petróleo provee 96 de cada 100 dólares que ingresan a Venezuela y la falta de suficientes ahorros para enfrentar el descenso del precio del barril desnudó a una economía en extremo dependiente de las importaciones. El declive de las compras en el exterior mostró en toda su dimensión la poca producción de las empresas estatizadas, el desmantelamiento de áreas donde el dólar artificialmente barato hizo más rentable importar que producir, el impacto de las regulaciones de precios que desestimularon la inversión y un control de cambio que despilfarró miles de millones de dólares.

A diferencia del resto de los países exportadores de petróleo, Venezuela no ahorró parte de los recursos para compensar la economía en caso de que el oro negro perdiera brillo. El Fondo de Estabilización Macroeconómica solo cuenta con tres millones de dólares. El grueso del dinero fluyó a una cantidad de bolsillos administrados con opacidad. El más emblemático es el Fondo de Desarrollo Nacional (Fonden), por donde pasaron 170.000 millones de dólares para soportar proyectos sobre los que no hay mayor rendición de cuentas[2].

La reacción de Nicolás Maduro ante el descenso de los precios del petróleo y la ausencia de ahorros fue recortar dramáticamente la asignación de dólares al sector privado, dejando a buena parte de la industria nacional sin suficiente materia prima para producir, sin la posibilidad de realizar mantenimiento a las plantas y con severos problemas para distribuir porque la flota de camiones carece de cauchos, baterías o repuestos para reparar los motores.

Polar indica en un informe de finales de julio de 2015 que por falta de materia prima redujo la producción de mayonesa, atún enlatado y aceite de maíz. En su otra línea de negocios, interrumpió la elaboración de lavaplatos por falta de empaques.

Los barcos ya no abarrotan los puertos y los departamentos legales de las multinacionales tienen a las empresas venezolanas en la lista de morosos. Compañías obtuvieron de manos del Gobierno lo que se conoce como Autorización de Adquisición de Divisas (AAD) y, con este aval, compraron materia prima e insumos a proveedores en el exterior que confiaron en clientes de larga data. Una vez la mercancía ingresó al país las

---

2 De acuerdo con la Memoria y Cuenta del Ministerio de Finanzas, al cierre de 2014 el Fonden había desembolsado 103.000 millones de dólares para financiar 419 proyectos. A esta cifra se añaden 67.319 millones de dólares que ya estaban aprobados, mas no desembolsados del todo, para cubrir los gastos de 348 proyectos que se encuentran en ejecución.

autoridades tenían que venderle los dólares a la empresa venezolana para que esta cancelara, pero en un número relevante de casos no lo hizo. El resultado es una voluminosa deuda de 9.000 millones de dólares que ha derivado en el cese de los despachos a Venezuela, salvo que haya pago por adelantado.

La escasez no es solo de alimentos, los venezolanos tiemblan ante la posibilidad de tener que reparar la nevera, necesitar medicamentos para el cáncer, una cirugía cardiovascular o que el carro no encienda.

Gustavo Blanco es uno de los 200 hombres que desde las tres de la madrugada hacen una larga cola con sus automóviles, que abarca más de diez cuadras, para adquirir una batería en las empresas Duncan, prácticamente la única que aún abastece al mercado y que tiene sus instalaciones en una zona industrial que luce abandonada y sin alumbrado público.

Es una de las mejores muestras de ese grupo de venezolanos que parece dotado de una paciencia infinita. «Hay que llegar a esa hora para tomar un número. Solo reparten 200 por día. ¿Qué vas a hacer? Lo que más le preocupa a uno es la inseguridad, a esa hora está todo oscuro y sabemos la cantidad de atracos que hay en Caracas», me dice sonriendo a las dos de la tarde cuando tras once horas de espera ha llegado su turno. «Hay que entregar la batería vieja y venir con el carro, explican que lo hacen para saber que no estás comprando para revender. Menos mal que un amigo me auxilió y el carro prendió. Antes compraba baterías en estaciones de servicio, caucheras, y de distintas marcas. Pero eso se acabó».

Otros deben superar una prueba aún más ruda. En medio de la escasez, los robos de baterías se han multiplicado. Si la batería fue robada el conductor debe ir a la policía e introducir una denuncia que con toda seguridad nunca será investigada, pero que la exige Duncan.

Carmen Gutiérrez, una mujer de unos cincuenta años, me dice que va a pasar la noche a las puertas de Duncan para asegurarse de que recibirá uno de los números a ser entregados a las siete de la mañana del día siguiente.

«¿Y qué voy a hacer? Esto es pura patria socialista», dice con una expresión de fastidio, la mirada perdida, como esperando que algo en el aire cambie la situación. De pronto le advierte a la hija que la acompaña, una muchacha de unos veinte años: «No dobles ese cartón, mira que esa es la cama de esta noche».

El mercado informal es la única alternativa expedita. «¿Quiere una batería para un Mitsubishi? Se la vendo en 20.000 bolívares», me comunica por teléfono un hombre que se hace llamar Miguel y cuyo nombre me lo han dado en un taller mecánico. Miguel ha encontrado una manera fácil de hacer dinero: en Duncan la batería cuesta 6.700 bolívares, es decir, su ganancia es de 198 %.

Pero el atraso en la entrega de divisas puede significar la muerte. Ante la sequía de dólares las compañías encargadas de traer al país equipos médicos recortaron las importaciones y las cirugías cardiovasculares escasean tanto o más que las baterías para automóviles. El 24 de septiembre de 2015 el cirujano Gastón Silva, del Hospital Universitario de Caracas, uno de los centros de salud públicos a donde acude la población de escasos recursos, explicó que «en este momento todavía no se están realizando en la forma que quisiéramos [las cirugías] aunque se opera una de cuando en vez, no con los materiales necesarísimos sino en forma un poco desordenada»[3].

---

3 La declaración fue hecha en el programa del periodista César Miguel Rondón en el Circuito Éxitos el 24 de septiembre de 2015.

Aún en caso de contar con el dinero para acudir a una clínica privada los enfermos no tienen la garantía de que serán operados a tiempo. Gastón Silva detalló la situación calamitosa de dos relevantes centros de salud privados: «En la Metropolitana solamente nos quedan tres equipos para realizar cirugías cardíacas, ya no existen válvulas en todos sus tipos para los reemplazos valvulares, ya he descartado aproximadamente doce pacientes para cirugía. Se han descartado 40 pacientes en el Médico Docente la Trinidad por falta de insumos».

Alexis Bello, cirujano cardiovascular del Hospital de Clínicas Caracas, centro de salud privado que es referencia por la modernidad de sus equipos y la excelencia de sus médicos, también pintó un escenario angustiante: «Es algo sumamente triste para quienes nos hemos dedicado a esto toda una vida, más de 40 años, a tratar de rehabilitar pacientes para la vida, llegar a un punto en el que tengamos que suspender, como efectivamente lo hicimos, las intervenciones de cirugía cardíaca. Tengo en lista de espera en este momento alrededor de 20 pacientes, muchos de ellos sumamente graves. Recuerdo a dos pacientes muy concretos, uno de 18 años y otro de 23 años del interior de la república que están a punto de fallecer. (…) Uno de ellos me llamó ayer y tuve que decirle "tome las cosas con calma porque lamentablemente en estos momentos no podemos hacer nada"»[4].

Salarios diluidos

Los precios han ingresado en un ciclo frenético. Violando las leyes el directorio del Banco Central dejó de publicar

---

4 La declaración fue hecha en el programa del periodista César Miguel Rondón en el Circuito Éxitos el 24 de septiembre de 2015.

la inflación en 2014 después de que ese año se ubicara en 68,5%, el cuarto registro más elevado desde 1950, pero los venezolanos no necesitan un número oficial para constatar que el desequilibrio continuó agravándose en 2015.

El precio de los electrodomésticos, calzado, ropa, restaurantes, alimentos simplemente ha perdido el ancla. De hecho, LatinFocus Consensus Forecast, firma que elabora un informe que agrupa las proyecciones de entidades financieras como Deutsche Bank, JP Morgan, HSBC, Citigroup, Novo Banco, Goldman Sachs, Credit Suisse, Barclays Capital, Ecoanalítica y Oxford Economics, señala al cierre de agosto que «las expectativas económicas de Venezuela son desalentadoras».

El promedio de lo que proyectan las entidades financieras que incluye LatinFocus en su reporte apuntan a que en 2015 la inflación estará en torno a 150% y para algunos analistas esta cifra es conservadora.

La principal causa de la aceleración de la inflación es que el gasto del Gobierno supera el ingreso que obtiene por la venta de petróleo, impuestos y endeudamiento, es decir, no tiene cómo pagar sus cuentas, pero ha encontrado una manera silenciosa y rudimentaria de tapar el hueco: pedirle al Banco Central que fabrique billetes y se los entregue[5].

El financiamiento del Banco Central se concreta a través de Pdvsa, la empresa petrolera que está bajo control del Estado. La ingeniería financiera es la siguiente: la compañía emite unos bonos y se los vende al Banco Central que fabrica los nuevos billetes para comprarlos. Una vez Pdvsa tiene los recursos en

---

5 El informe que el Gobierno entregó a la Comisión de Valores de Estados Unidos (SEC, por sus siglas en inglés) registra que en 2013, con un precio promedio de la cesta petrolera venezolana de 98 dólares el barril, el gasto del Gobierno, incluyendo todas las empresas públicas, superó en 16,9% del PIB al ingreso y en 2015 Ecoanalítica calcula que la brecha es de 22% del PIB.

caja los utiliza para cubrir gastos como salarios, facturas pendientes con contratistas o construcción de viviendas[6].

Cuando estos bolívares entran en circulación estimulan la demanda en momentos en que la oferta no puede reaccionar por la debilidad de las empresas públicas y privadas. La consecuencia es más dinero detrás de los mismos productos y servicios: la ecuación perfecta para que los precios aumenten.

Esto no es todo, el dinero que fabrica el Banco Central para financiar al Gobierno se multiplica al ingresar al sistema financiero y por esta vía también genera presión inflacionaria. Por ejemplo: el Banco Central crea 100 bolívares que Pdvsa utiliza para pagarle a una de las compañías que le presta servicios. La compañía recibe los 100 bolívares y los deposita en una organización financiera que está obligada a conservar 31 bolívares a manera de reserva, pero puede prestar 69 bolívares a alguno de sus clientes, como una microempresa. Así, ya no solo existen los cien bolívares que la contratista de Pdvsa tiene en esta entidad bancaria, se añaden los 69 que recibió la microempresa a través del crédito.

Técnicamente, esto es lo que los economistas llaman el multiplicador monetario. Los bancos no prestan en función del dinero que tienen sino del que van a tener. Y la liquidez por el financiamiento del Banco Central a Pdvsa crece a paso firme[7].

En la inflación también influye un engorroso y disfuncional sistema cambiario. El Gobierno asigna las divisas

---

6 Al cierre de marzo de 2015 la deuda de Pdvsa por los bonos que le ha vendido al Banco Central suma 925.000 millones de bolívares, una cifra que se traduce en un salto de 127 % en los últimos 15 meses.

7 Las cifras del Banco Central de Venezuela desnudan que entre el 21 de agosto de 2015 y la misma fecha de 2014 la cantidad de dinero en poder del público, que básicamente incluye las monedas y billetes y los depósitos en la banca, registró un salto de 89 %. Un récord histórico.

mediante una maraña que consiste en que el dólar tiene tres precios: 6,30 bolívares para la gran mayoría de los sectores que tienen la suerte de recibir asignaciones de billetes verdes; un punto de partida de 12 bolívares para las empresas que no ingresan en este primer tramo y participan en las subastas del Sistema Complementario de Administración de Divisas (Sicad) y alrededor de 200 bolívares para una fracción muy pequeña atendida a través del Sistema Marginal de Divisas (Simadi).

Nicolás Maduro resumió el complicado rompecabezas el 10 de febrero de 2015: «La circulación de divisas para el funcionamiento económico y social del país es un mercado. Cuando tú lo englobas es el 100 %, ¿verdad?, el 70 % lo cubre el 6,30, el otro 20-25 % lo cubre el Sicad y entonces este 3,5 %, que es lo que va quedando, lo va a cubrir este sistema que es un ensayo [el Simadi]».

Muy pocos países implementan un sistema de cambios múltiples, de hecho, ni aliados de Venezuela como Bolivia, Nicaragua o Ecuador lo hacen. La gran mayoría mantiene un solo precio para el dólar, fijo o flexible. En el modelo en que el tipo de cambio está fijo, si el Gobierno imprime una gran cantidad de dinero para financiarse porque no puede cubrir sus gastos, los billetes inundan la economía y los ciudadanos aumentan la compra de dólares. Entonces, el tanque de divisas disponibles para ser vendidas, es decir, las reservas internacionales, desciende velozmente.

Si el tipo de cambio es flexible y el Gobierno imprime montañas de billetes para financiarse, el Banco Central puede mantener el nivel de las reservas internacionales pero tiene que dejar que el precio del dólar aumente hasta que la demanda de divisas pierda intensidad, porque se tornan muy caras.

Así, en los sistemas de cambio fijo o flexible, existe un

ajuste automático que impide que el Gobierno emita dinero sin ningún tipo de límite para financiarse, porque o caen las reservas internacionales o el precio del dólar se dispara.

Para evadir este inconveniente Nicolás Maduro y sus ministros implementan un sistema donde el precio del dólar está fijo, en cada uno de sus tres tipos de cambio, y además solo pueden comprar divisas quienes reciben el visto bueno de las autoridades. A simple vista, todo parece despejado para que el Banco Central fabrique billetes en grandes cantidades para financiar al Gobierno sin que surjan inconvenientes en el flanco cambiario, pero cuando hay desequilibrios la economía es como un río salvaje.

La enorme diferencia entre los dólares que el Banco Central vende y los que en verdad desean comprar los ciudadanos ha dado origen a un mercado paralelo, al margen de los que maneja el Gobierno, donde la demanda es gigantesca y la oferta muy escasa. En este mercado la moneda estadounidense luce como un cohete indetenible que mes a mes se aleja de los parámetros oficiales. Al cierre de agosto de 2015 el dólar se cotizaba a un nivel que superaba en 11.000 % al tipo de cambio de 6,30 bolívares[8].

¿Cómo y quién mide el dólar paralelo? A falta de un mercado libre y ordenado, páginas web se han convertido en la referencia que día a día siguen los venezolanos. Básicamente reflejan el tipo de cambio que tendría que pagar alguien si va a la ciudad fronteriza de Cúcuta con bolívares, los cambia a pesos colombianos y luego adquiere dólares en Colombia[9].

---

8 A principios de enero de 2015 el dólar se cotizaba en 170 bolívares en el mercado paralelo. Al cierre de agosto cuesta 700 bolívares, es decir, un salto de 311 % en ocho meses.

9 La más emblemática de estas páginas es Dólar Today, a la que el gobierno de Nicolás Maduro acusa de conspirar para desestabilizar la economía venezolana.

Se trata de una medición imperfecta, sobre un mercado con muy pocas transacciones, pero que es el único que existe porque el Gobierno se niega a abrir una ventana donde el dólar fluctúe libremente, y las consecuencias no han sido pocas. Un estudio elaborado por la firma Ecoanalítica determina que un tercio de las categorías en las que el Banco Central de Venezuela divide los bienes y servicios que utiliza para calcular la inflación tienen precios altamente correlacionados con el dólar paralelo, concretamente, bebidas alcohólicas, restaurantes y hoteles, esparcimiento y cultura, vestido y calzado, alquiler de viviendas y equipamiento del hogar.

Se trata de sectores que reciben pocas divisas por los canales oficiales y, como en la mayoría de los casos no están sujetos a controles de precios, fijan sus costos de acuerdo al comportamiento del dólar paralelo.

La combinación de un gobierno financiado por el Banco Central y que vende la gran mayoría de los dólares a una cantidad fija, de 6,30 bolívares, crea un círculo vicioso: el financiamiento del Banco Central impulsa los precios y por ende se incrementan los gastos del Gobierno porque los trabajadores públicos exigen aumentos de salarios o se encarecen las baldosas que el Estado utiliza para construir viviendas. Al mismo tiempo, más de dos tercios de los dólares que aporta el petróleo continúan vendiéndose al tipo de cambio de 6,30 bolívares, una cantidad que cada día compra menos. Entonces, la brecha que tiene el Gobierno entre ingresos y gastos aumenta y la salida es solicitarle al Banco Central que emita una mayor suma de dinero, con lo que la inflación gana velocidad.

Humberto Gómez atiende uno de los tantos locales que venden películas piratas para DVD y Blu-ray en Caracas. Con un dejo de nostalgia me explica que «hace dos meses quería comprarme un par de zapatos porque los que tengo para trabajar se están rompiendo. Miré los precios en las zapaterías y no me decidí. Ahora cuestan el doble».

Ya no se sabe lo que es caro o barato, los precios varían notablemente de semana en semana y el billete de 100 bolívares, el de mayor denominación, ya no alcanza para comprar una Coca-Cola o una barra de chocolate. Los vendedores informales, que ofrecen frutas en determinados puntos de Caracas, buscan afanosamente puntos de venta inalámbricos porque de lo contrario los compradores necesitarían un fajo demasiado grande de billetes para pagar una patilla, un melón y doce naranjas.

En los centros comerciales un *jean* cuesta dos salarios mínimos y aquellos que tienen excedentes, los cambian a dólares en el mercado paralelo para proteger sus ahorros en una moneda estable. Otros buscan adelantar las compras bajo la certeza de que en poco tiempo todo costará mucho más. Los bolívares pasan velozmente de mano en mano, nadie los quiere conservar por mucho tiempo. Mañana valdrán menos.

La reventa

A la salida de la estación del Metro en Petare, una de las zonas donde se concentran las clases populares en Caracas, surge una larga hilera de toldos y manteles que tapizan aceras malolientes por la basura acumulada. Es el modo de vida de quienes militan en el gigantesco ejército de la economía informal y se desempeñan como vendedores ambulantes. El empleo en Venezuela es un bien escaso pero nadie puede darse el lujo de permanecer inactivo, no existe ningún tipo de protección para los desocupados: un tercio de quienes trabajan lo hacen en empleos calificados de precarios, es decir, con remuneración igual o inferior al salario mínimo, en labores que están por debajo de su nivel de calificación, en jornadas de 15 o menos horas a la semana o en horarios extenuantes a cambio de muy poco dinero. Así es como la economía poco productiva y sin inversión privada aparece a plena luz del día en cientos de calles y avenidas[10].

Pero ahora la ocupación de vendedor ambulante en Petare puede ser más lucrativa que muchos empleos en empresas de primer orden. A través de conexiones o asegurándose los primeros puestos en las colas de los supermercados públicos o privados, quienes abarrotan las aceras con sus tarantines obtienen café, harina de maíz precocida, arroz, leche en polvo, pañales, jabones, a precios controlados que luego ofertan con un voluminoso recargo. Han sido bautizados como «bachaqueros», tal vez porque el bachaco es una hormiga grande y voraz que en masa puede devorar a un sistema de precios desequilibrado.

El propio presidente Nicolás Maduro les ha declarado la guerra señalando que «tenemos que acabar la economía de parásitos y bachaqueros», mas no es tan simple. La policía los persigue pero han creado un efectivo sistema para movilizarse rápidamente y asegurar la mercancía. Cada revendedor solo tiene cuatro o cinco bolsas plásticas con productos, una cantidad sencilla de recoger en caso de que los encargados de vigilar la zona alerten de la presencia policial. Si las vende, al poco tiempo un motorizado se encarga de la reposición y trae otras cuatro bolsas plásticas.

---

10 Los datos sobre el empleo precario corresponden a la Encuesta sobre Condiciones de Vida. UCAB 2014.

El medio kilo de café que tiene un precio controlado de 23 bolívares, se encuentra sin problemas en las aceras pero a 400 bolívares, es decir, con un recargo de 1.639 %. El kilo de arroz, que en teoría debe costar 25 bolívares, en 200 bolívares, y el kilo de harina de maíz precocida, regulada en 19 bolívares, en 250 bolívares.

La ganancia que se obtiene a través de la reventa luce como un incentivo muy poderoso. Yoselyn me explica que «yo vendo el café en 400 bolívares el medio kilo. Pero a mí me lo venden en 250 bolívares otros que hacen las colas en los supermercados o lo consiguen por ahí. Además tengo que tener un dinero apartado porque en caso de que la policía me agarre tengo que darles algo para que me suelten. Aun así hago mucho más al mes que planchando ropa o limpiando apartamentos».

Yoselyn tiene 25 años, no culminó el bachillerato porque salió embarazada del primero de sus dos hijos y en el corto plazo no tiene pensado terminarlo. «Si lo termino no voy a conseguir mayor cosa. Gracias a Dios que en medio del aumento de los útiles escolares que tengo que comprarles a mis hijos, la ropa, los zapatos, estoy ganando más plata», dice con tranquilidad.

Desde el año 2003 y hasta 2045 la población venezolana tendrá una estructura que en teoría resulta ventajosa: quienes tienen edad de trabajar y producir, superarán a los jóvenes menores de 15 años y a los mayores de 65 años. Esta condición, que se denomina bono demográfico, permite reducir los recursos destinados a la crianza de los hijos o a los ancianos y contar con una mayor mano de obra.

Yoselyn es parte del ejército de hombres y mujeres que necesitan ser atraídos por un programa de formación y una economía que los sume a la productividad para que Venezuela pueda aprovechar el bono demográfico. Los últimos datos disponibles indican que 40 de cada 100 jóvenes no culminan la educación media[11].

Técnicamente la actividad a la que se dedica Yoselyn es el arbitraje, la posibilidad de obtener ventaja por la diferencia de precios que existen en dos mercados. Su negocio acabaría en minutos si no hubiese escasez. Si quienes le compran pudiesen acudir a un supermercado nadie necesitaría ir a Petare a adquirir el medio kilo de café. A su vez, la gran mayoría de los economistas explica que para aumentar la oferta, tendría que incrementarse la producción de las empresas venezolanas, disminuyendo las trabas y sincerando los precios controlados.

Pero la administración de Nicolás Maduro confía en que a través del reforzamiento de los controles podrá corregir el desajuste. Los venezolanos solo pueden adquirir productos regulados una vez a la semana, dependiendo del último número de la cédula de identidad. Además deben colocar sus dos pulgares en captahuellas que registran que ya compró y bloquean la posibilidad de que acuda a otro establecimiento por el mismo producto.

El gobernador del Zulia, el estado más poblado del país, explicó que en esta localidad «diez mil cédulas fueron bloquedas del sistema biométrico, ya que tienen hasta 300 compras por mes»[12].

Consciente de que en Venezuela es común la «clonación» de cédulas de identidad y que muy posiblemente una cantidad importante de zulianos que no revenden alimentos ya no podrán comprar en los supermercados porque la red de bachaqueros estaba utilizando una copia falsa de su docu-

---

11 Encuesta Nacional de Juventud 2013-UCAB, de cobertura nacional.
12 *Correo del Orinoco*. 04-09-2015: 12.

mento, Arias Cárdenas indicó que los afectados debían acudir a la Gobernación del Zulia donde evaluarían cada caso.

«Lo de hacer mercado de acuerdo al último número de la cédula es una locura. Ayer había arroz pero como no me tocaba no pude comprarlo. Siempre es así, cuando me toca no hay lo que necesito», me dice una mujer de más de 60 años en uno de los supermercados de la cadena Excelsior Gama.

Pero el arbitraje no se limita al mercado local. El negocio de comprar productos a los bajos precios que fija el Estado y revenderlos en Colombia resulta en un lucrativo negocio que impulsa el contrabando. El presidente de la Asamblea Nacional, Diosdado Cabello, mostró cifras reveladoras el 27 de agosto de 2015: «Un litro de leche vale del lado venezolano 200 bolívares, del lado colombiano 14.000 bolívares. 200 bolívares porque nosotros la subsidiamos. ¿Quién se pela esa manguangua?».

Las estadísticas sobre el consumo en Táchira, uno de los estados que limita con Colombia, hablan por sí solas. «El estado Táchira tiene 4,5 % de la población venezolana, 1,3 millones de habitantes según el censo, y consume 8 % del total de alimentos de Venezuela. Carabobo, que tiene 8,3 % de la población, consume la misma cantidad», explicó Diosdado Cabello.

El contrabando no es solo de alimentos. El Gobierno ha mantenido inalterable el precio de la gasolina durante los últimos 15 años, por lo que el combustible es el producto más barato en Venezuela. Revendido en Colombia produce más dinero que el narcotráfico.

«Una pimpina de gasolina vale del lado venezolano un bolívar, del lado colombiano 15.000 bolívares», admitió Diosdado Cabello.

Ante la magnitud del contrabando y tras un ataque a tres militares venezolanos, supuestamente perpetrado por grupos paramilitares, el Gobierno cerró la frontera con Colombia y declaró el estado de excepción en cinco municipios del Táchira[13].

Los incentivos económicos para el contrabando continuaron intactos. La canciller de Colombia, María Ángela Holguín, reveló que en la reunión que sostuvo con la canciller venezolana para evaluar el tema planteó lo mismo que han recomendado la mayoría de los economistas venezolanos: «Mientras ustedes sigan subsidiando los productos es muy difícil que podamos hacer algo en la lucha contra el contrabando. Que subsidien a los pobres, pero no a los productos»[14].

Los nuevos pobres

Gracias al extenso período de altos precios del petróleo la cantidad de hogares sumergidos en la pobreza disminuyó porque el Gobierno aumentó la nómina en el sector público, abrió las compuertas del gasto, instrumentó subsidios y hubo importaciones baratas que estimularon el consumo junto a los incrementos de salario. Sin embargo, tras dos años durante los cuales el oro negro detuvo el vuelo y la inflación comenzó a erosionar el ingreso, tanto las estadísticas oficiales como el reciente estudio elaborado por tres presti-

---

13 El cierre de la frontera originalmente fue anunciado por 72 horas el miércoles 19 de agosto de 2015, no obstante luego fue declarado por tiempo indefinido y se amplió el decreto de estado de excepción a los estados Zulia, Apure y Amazonas (sur), completando el cierre total de la línea fronteriza colombo-venezolana el 23 de septiembre.

14 *El Tiempo*. 03-09-2015.

giosas universidades del país reflejan que los logros se eva-
poran velozmente[15].

El proyecto *Análisis de condiciones de vida de la población venezolana 2014*, realizado por la Universidad Católica Andrés Bello, la Universidad Central de Venezuela y la
Universidad Simón Bolívar, incluyó un estudio que empleó
la misma metodología que aplicó la antigua Oficina Central
de Estadística e Informática (OCEI), hoy Instituto Nacional de Estadística (INE), cuando en 1998 elaboró la última
encuesta social realizada por el Estado.

El estudio concluye que la proporción de hogares en pobreza, de acuerdo al ingreso que reciben, es mayor que la que
existía un año antes de que Hugo Chávez tomara el poder:
en 1998 la encuesta social arrojó que 45 % de los hogares del
país eran pobres y el estudio llevado a cabo por la academia
determina que al cierre de 2014 la cifra se ubica en 48,4 %.

Para medir la cantidad de hogares en penuria, de acuerdo
al ingreso, el Instituto Nacional de Estadística y el estudio
llevado a cabo por las universidades contempla que las familias que no obtienen suficiente dinero a través del salario,
bonos, becas, pensiones, para comprar cada mes una canasta
de alimentos básicos que permita a cada integrante ingerir al
menos 2.200 calorías diarias, son catalogadas como pobres
extremos. Luego, las familias a las que su ingreso no les permite costear una canasta que añade a los alimentos básicos
servicios esenciales como luz eléctrica y transporte son pobres.

---

15 Las cifras oficiales del Instituto Nacional de Estadística (INE) registran que en
el primer periodo de gobierno de Hugo Chávez, entre 1998-2003, el porcentaje
de personas pobres aumentó desde 50,4 % hasta 62,1 %. Entre 2004-2008, cuando
ocurre el *boom* petrolero, la pobreza bajó hasta 32,6 %. En ausencia de un incremento
constante en el precio del barril, la mejora se detuvo y al cierre de 2013 (último
dato del INE) es de 32,1 %. En 2012 y gracias a un incremento muy grande del gasto
público durante la campaña electoral, la pobreza descendió hasta 25,4 %.

El retroceso en materia de pobreza va de la mano del acelerado incremento de los precios y la merma en la capacidad de compra del ingreso.

Las últimas cifras publicadas por el Instituto Nacional de Estadística corresponden a 2013 y coinciden con el estudio de las universidades, en el sentido de que la cantidad de pobres está en franco crecimiento. Al comparar 2013 con 2012, un total de 1,7 millones de venezolanos ingresaron a las filas de la pobreza que, al cierre de ese año, contaban con 9,1 millones de personas, de las cuales 2,7 millones están en pobreza extrema. En términos porcentuales se trató de un aumento desde 25,4 % hasta 32,1 % de la población.

La política social no contempla planes focalizados para ayudar directamente a las familias que no pueden cubrir la canasta básica de alimentos. En teoría, los precios controlados y el subsidio que hace el Gobierno al vender alimentos a bajo costo a través de su red de supermercados y abastos conocidos como Pdval, Bicentenario y Mercal deberían evitar el salto de la pobreza, pero los resultados no son los esperados porque esta ayuda no está llegando a quienes más la necesitan.

El estudio de las universidades indica que los planes sociales que el Gobierno engloba bajo el nombre de misiones, al no ser focalizados, tienen baja efectividad: solo 20 de cada 100 personas en pobreza extrema se benefician de las ayudas.

Mientras la pobreza crece se mantiene un gigantesco subsidio al precio de la gasolina que principalmente beneficia a las clases altas y medias que poseen automóviles. Carlos Castillo, un ingeniero que llena el tanque de su Volkswagen Fox por tan solo 6 bolívares (0,9 dólares al tipo de cambio de 6,30 bolívares por dólar), me indica que «prácticamente es un regalo y puede ser injusto, el pasaje en una camioneta de transporte público cuesta el triple, pero en medio de tantas dificultades al menos puedo beneficiarme de algo».

La clase media experimenta un desmejoramiento acelerado. Mientras la inflación se desplaza a gran velocidad el salario de los profesionales avanza muy lentamente en unas empresas que producen menos. Para tratar de mantener el estatus los jefes de familia se aferran al salvavidas de la tarjeta de crédito que ahora es utilizada con regularidad para comprar medicinas, alimentos, pagar la mensualidad del colegio privado de los hijos o los útiles escolares[16].

Gracias a que las regulaciones indican que los bancos no pueden cobrar una tasa de interés superior a 29 % mientras que la inflación supera 100 %, la morosidad se mantiene baja porque el deudor le paga al banco con un dinero que vale menos que cuando recibió el préstamo. Pero el peligro de una burbuja está presente.

Boxeo salvaje

Si se pensara en la economía venezolana en términos deportivos habría que referirse a una pelea de boxeo en la que no existe árbitro y las reglas han sido abolidas de facto. Los precios aumentan a una velocidad vertiginosa, cobros de vacuna, escasez, devaluación, comisiones groseras. El entorno es sumamente hostil en las grandes empresas y también en el terreno de las pequeñas inversiones. Hay víctimas.

---

16 En 2014, después de descontar el efecto de la inflación, los préstamos a través de las tarjetas de crédito crecieron 45 % de acuerdo con cifras de Datanálisis. Cifras de la Superintendencia de Bancos indican que al contrastar el segundo semestre de 2014 con el mismo lapso de 2013, el número de consumos cancelados con tarjetas de crédito en supermercados y abastos crece 41,6 %, en clínicas y farmacias 43 %, mientras que la cantidad de operaciones por avances de efectivo se dispara 252 %.

Jennifer Rodríguez y Carlos Meleán, una pareja de diseñadores gráficos que decidió apostarle a un negocio propio en Caracas, cuentan cómo la ilusión dio paso al viacrucis. En primer término pensaron en un establecimiento donde las personas pudieran degustar un buen café, conversar y disfrutar un excelente postre, pero luego encontraron un sitio en Los Dos Caminos, una zona de clase media, y decidieron acondicionarlo para ser una franquicia de Pastelhaus, reconocida por sus pasteles, pizzas y tortas.

Rápidamente surgieron los problemas. «El local estaba en obra gris, teníamos que terminar de construirlo. Así descubrimos que existe un sindicato que te cobra vacuna para dejar trabajar a los obreros. Nuestro local estaba en la planta baja de un edificio que en el resto de los pisos tiene apartamentos. Las tuberías de desagüe deben tener un grosor específico que no fue el que utilizó la inmobiliaria, probablemente para ahorrar costos. Entonces, cuando hacían remodelaciones en los apartamentos las aguas negras nos inundaban», dice Jennifer Rodríguez.

«No escatimamos en gastos. Compramos la mejor vajilla, un filtro gigantesco para depurar toda el agua del local, la cafetera de la mejor marca, igual con las neveras, mesas, uniformes para los trabajadores, era nuestro sueño. El día de la inauguración apareció la presidenta de la junta comunal a reclamarme delante de los clientes que cómo abría sin su permiso. Era otra vacuna. También nos ocurrió algo similar con un inspector del Ministerio de Sanidad. Necesitas no sé cuántos permisos, es una carpeta de lo más voluminosa», agrega.

«Las leyes en materia laboral también son un problema. Aunque teníamos cámaras y descubríamos a trabajadores que nos robaban no podíamos despedirlos. El personal falta y tampoco lo puedes despedir. Cuando iba al Ministerio del Trabajo me señalaban como el explotador, para nada tomaban en cuenta que estaba haciendo una inversión, creando empleo con todos los beneficios que contempla la ley. Nunca obramos mal, pero uno aquí está desamparado», dice Jennifer Rodríguez.

Carlos Meleán, su esposo, explica que por inconvenientes con Pastelhaus rompieron la relación comercial y siguieron adelante bajo el nombre de Spezia Café, enfocándose en almuerzos, ensaladas. El cambio permitió detectar que los encargados de los inventarios compraban insumos en cantidades exorbitantes para recibir comisiones de los proveedores.

«Seguimos trabajando pero comenzó un calvario para encontrar harina de trigo, carne, queso cheddar, salsas; eran muchos los ingredientes que no conseguíamos por la escasez y no podíamos ofrecer un producto de calidad como queríamos. A esto se sumó la inflación. El salmón, por ejemplo, que era el ingrediente fundamental de una ensalada que vendíamos mucho, se disparó a un precio en el que era imposible trasladarlo a nuestros clientes; lo mismo con el queso parmesano importado para las pastas», dice Carlos Meleán.

«Paramos por una semana que nos tomamos para despejarnos. Era diciembre de 2013, había pasado un año. Cuando regresamos en enero de 2014 una de las neveras se había dañado. Nadie nos quería vender los repuestos porque como había un alza del dólar en el mercado paralelo no había quien se comprometiera sin saber el costo de reposición. Los técnicos que revisaban la nevera nos pintaban un panorama terrible, hablaban de motores inservibles. Luego descubrimos que solo querían mucho más dinero del necesario. En medio de la crisis todo el mundo estaba afilado», recuerda Carlos Meleán.

«Liquidamos al personal. Entonces vinieron las protestas en febrero de 2014, las guarimbas[17]. Por el cierre de calles era muy complicado llegar al local y llevar a mi hijo al colegio. Hablamos con una corredora de bienes raíces y pusimos el establecimiento en venta, con equipos incluidos. Nadie se interesaba. Nadie venía. Cuando las cosas se calmaron aparecían posibles compradores pero trataban de aprovecharse ofreciendo muy poco, la economía estaba muy deteriorada. Por fin, después de varios meses apareció un emprendedor, que ya tiene dos restaurantes, e hizo negocio con nosotros. La verdad es que no recuperamos ni la veinteava parte del dinero que invertimos. Al menos estamos más tranquilos», dice Carlos Meleán.

La idea de que en Venezuela cada día es más difícil el desarrollo personal, la conflictividad política, la inseguridad y la percepción de que el país camina hacia una crisis más profunda ha hecho que el tema de irse o quedarse esté presente en la mayoría de las conversaciones de quienes tienen alguna posibilidad de marcharse. Por primera vez los sociólogos hablan de «fuga de talento» y profesores universitarios explican que cuando solicitan a sus alumnos que levanten la mano quiénes desean irse, todo el salón lo hace. Aparte de las colas a las puertas de los supermercados también se hacen filas en los consulados donde emiten las visas o en el Ministerio de Relaciones Exteriores para apostillar documentos.

Un estudio elaborado por Datanálisis en agosto de 2015 registra que cuando se les pregunta a los venezolanos si tienen intenciones de emigrar y vivir en otro país, de tener posibilidades, 30 de cada 100 responden afirmativamente y

---

17 Bajo este nombre se conoce a una serie de protestas que llevaron adelante estudiantes y miembros de la oposición. En Caracas se tradujo en el cierre de calles en distintas urbanizaciones.

en el caso de los jóvenes entre 18 y 23 años la proporción es cuatro de cada diez.

Valentina Palma y Eloy Salgado forman una pareja de excelentes músicos que desde el primero de agosto de 2015 vive en Estados Unidos, en Houston, junto a Matías, su hijo de cuatro años. Durante más de una década se desempeñaron como clarinetistas de la Orquesta Sinfónica Municipal de Caracas y forman parte de los venezolanos que en los últimos meses emigraron.

«Lo primero que nos llevó a decidirnos es que se nos facilitaron las cosas en el sentido de que obtuvimos todos los documentos necesarios para trabajar legalmente en Estados Unidos», dice Valentina Palma, quien a sus 35 años es descrita por la prestigiosa firma Vandoren como una de las «clarinetistas líderes de su generación».

Ante la interrogante de qué la motivó a emigrar explica que «en primer lugar la inseguridad, esa situación de incertidumbre, de ruleta, que no sabías el día en que te podía tocar y según las estadísticas cada día era más probable que te tocara, era una angustia con la que ya no podía vivir. Más teniendo un niño de solo cuatro años. Luego están cosas como la alimentación de Matías, cada vez era más difícil conseguir productos de calidad para que su desarrollo sea óptimo, leche, proteínas; la escasez».

Añade al relato el tema de la inflación. «Mi sueldo era uno de los más atractivos en el ámbito donde me desenvolvía, trabajaba para la Sinfónica Municipal de Caracas, el Sistema de Orquestas Juveniles, la Fundación Mozarteum, pero lo que ganaba por todo lo que trabajaba no me permitía comprar lo que quería porque los precios cada vez eran más altos. El costo del colegio privado para Matías también aumentaba».

La inacción

Desde la óptica de Nicolás Maduro la calidad de vida de los venezolanos se deteriora velozmente porque su gobierno es víctima de una «guerra económica» orquestada por un enemigo que engloba bajo términos como «pelucones», «oligarquía», «burguesía parasitaria», que propicia la escasez y la inflación.

«Es una guerra contra la moneda, una guerra contra los procesos de distribución y fijación de precios, pero el objetivo es más que económico, son psicológicos: desestabilizar a la familia, a la mente y tranquilidad del trabajador (...) que el pueblo vaya perdiendo la fe en su propia patria más allá de la Revolución», dijo el 27 de junio de 2015. Una semana más tarde durante el desfile del Día de la Independencia afirmó que «esta oligarquía que ha osado secuestrar la economía se arrepentirá en el futuro de haberle hecho pasar sufrimientos y dolores al pueblo».

Bajo esta lectura la posibilidad de tomar medidas en el campo económico ha quedado descartada y aumentan las fiscalizaciones a las empresas, operativos en busca de mercancía acaparada, persecución policial a los revendedores, racionamiento, captahuellas, cierre de fronteras y llamados a los buenos sentimientos.

«Porque quien se mete a bachaquero, ¿qué opción toma, qué hay en su alma y mente? La codicia, el sálvese quien pueda, el no me importa la comunidad. ¿Queremos una patria plagada de bachaqueros o llena de gente solidaria y respetuosa?», se preguntó Maduro en cadena nacional, mientras que la economía tercamente continuaba respondiendo a incentivos[18].

---

18 Esta frase fue pronunciada el 27 de junio de 2015 en cadena nacional durante la entrega del Premio Nacional de Periodismo.

Todas las voces que alertaron sobre la necesidad de realizar ajustes económicos fueron apartadas o alejadas del centro del poder. La historia de las discusiones a lo interno se remonta a enero de 2013 cuando Hugo Chávez, enfermo e impedido de asumir el cargo de Presidente a pesar de haber resultado victorioso en las elecciones del 7 de octubre de 2012, permanecía hospitalizado en Cuba y Nicolás Maduro, en su rol de vicepresidente, llevaba las riendas de la república.

Aún el petróleo se cotizaba a altos precios, pero los desafueros cometidos a fin de asegurar la última reelección del «comandante eterno» pasaban una factura larga y pesada. El 9 de enero de 2013 Jorge Giordani, en ese entonces ministro de Planificación, le entregó a Nicolás Maduro el documento *Orientación de la política económica en el inicio de un nuevo período presidencial*, donde alertaba de la gravedad de los desequilibrios[19].

Jorge Giordani, quien escribió los planes de gobierno para impulsar el socialismo del siglo XXI, explicó en este escrito que el gasto público se había desbocado como nunca antes entre 2010-2012, registrando un salto estelar de 12 % del PIB; que con billetes fabricados en el Banco Central Pdvsa había recibido el equivalente a 6,6 % del PIB; que los costos de la seguridad social ya eran tan elevados que igualaban «los aportes petroleros presupuestarios»; que la nómina de trabajadores en el sector público había crecido aceleradamente y que las «distintas formas de cooperación [petrolera] con países amigos bordea los 550.000 barriles diarios».

Además el escrito le indicó a Nicolás Maduro la necesidad de focalizar los planes sociales «para evitar abusos

---

19 Jorge Giordani incluye el documento en su libro *Encuentros y desencuentros en una construcción bolivariana* (Vadell Hermanos, Caracas, 2015).

de ciudadanos de ingresos superiores a los mínimos que se inscriben» y admitió que «no existe suficiente contraloría para los recursos que insumen las empresas públicas, los numerosos programas de los ministerios y otros organismos públicos y la demanda de importaciones públicas, entre otros gastos».

Tras el fallecimiento de Hugo Chávez, el 5 de marzo de 2013, el Consejo Nacional Electoral convocó a elecciones el 14 de abril. Días antes Jorge Giordani escribió una «carta abierta» que recibieron Nicolás Maduro y algunos miembros del partido de gobierno.

Esa carta indica que bajo la conducción de Nicolás Maduro «la situación sufrió grados crecientes de desorganización y falta de un centro de decisiones coordinadas, lo que hizo florecer un sinnúmero de presentaciones de medidas de las cuales el equipo económico a cargo de las finanzas se enteraba por los periódicos o la televisión»[20].

Aunque durante el primer trimestre de 2013 el precio promedio de la cesta petrolera venezolana se ubicó en 103 dólares el barril, ya existía escasez de divisas. Dice Giordani en la carta abierta:«Durante el año 2013, Pdvsa no ha entregado al erario público cantidades necesarias para enfrentar lo delicado de la situación. Con esta carencia, se disminuyó sustancialmente la asignación de divisas para importaciones básicas, con lo que el previsible desabastecimiento y la aceleración inflacionaria serán inevitables».

A pesar de que esa era la situación, el 14 de mayo de 2013 (es decir: un mes después de haber recibido esta advertencia) Nicolás Maduro, ahora recién elegido Presidente

---

20 La carta está publicada en el libro de Jorge Giordani *Encuentros y desencuentros en una construcción bolivariana* (Vadell Hermanos, Caracas, 2015).

de la República, culpaba a los empresarios del incremento de precios y la escasez de alimentos, señalando que «hay una guerra para desabastecer al país, para lanzar una inflación descontrolada».

Para enfrentar el ciclo de alta inflación y mínimo crecimiento que ya presentaba la economía al cierre de 2013, en marzo de 2014 Jorge Giordani le entregó al Presidente Nicolás Maduro el documento *Propuestas para la coyuntura económica 2014,* donde incluye una serie de recomendaciones que curiosamente coinciden con las que han dicho la mayoría de los economistas que el Gobierno considera de oposición.

Entre otras medidas Giordani creía necesario «auspiciar la convergencia de los tipos de cambio en el mediano plazo, ajustar de manera progresiva las tarifas de los servicios públicos (electricidad, agua, telefonía, gas, gasolina, transporte), adecuar los precios de cada uno de los productos, evitando situaciones de desabastecimiento y definir las importaciones contingentes, necesarias para reducir los niveles de escasez en el corto plazo».

Dos meses después de entregarle este documento a Nicolás Maduro, Jorge Giordani perdió todo el poder y fue relevado de su cargo como ministro de Planificación. El 20 de marzo de 2015 diría en un acto público en el que fustigó el camino tomado por el Gobierno que «la situación es grave. Y si no se toman decisiones se pone peor y el deber de uno es decir las cosas y decir las verdades: hay que asumir la crisis».

Hubo otro intento de ajuste. El 14 junio de 2014 Rafael Ramírez, en su rol de vicepresidente de economía y presidente de Pdvsa, acudió a Londres para reunirse con inversionistas internacionales y explicarles el plan que había preparado para enfrentar los desequilibrios.

Ramírez quería devaluar para obtener más bolívares por los petrodólares y disminuir la impresión de dinero en el Banco Central, además de acabar con un dólar artificialmente barato que estimulaba las importaciones y dejar un solo tipo de cambio. Además contemplaba disminuir la lista de productos con precios regulados, acciones para controlar la liquidez y aumento en el precio de la gasolina.

Las medidas nunca se concretaron y el 2 de septiembre de 2014 Rafael Ramírez fue destituido de todos sus cargos en el gabinete económico y fue nombrado canciller. Como una muestra de que nada de lo anunciado en Londres sería puesto en práctica, al día siguiente Nicolás Maduro afirmó en cadena nacional: «A mí me dan risa los cables de la AP y de Reuters, ¿no? Porque ya ellos no tienen voceros que se atrevan a hablar dentro del país, entonces lanzan los cables, y los cables los leen en la radio, en la televisión de las regiones y todo. AP: Maduro prepara un conjunto de medidas económicas. AP: ¡Se quedarán esperando por eso! Reuters: ¡Se quedarán esperando por eso!».

Ruleta petrolera

Predecir los precios del petróleo es una manera segura de equivocarse. No obstante, la mayoría de los analistas coinciden en que el oro negro ingresó en un ciclo donde al menos hasta finales de 2016 no retornará a los niveles de 100 dólares el barril. En este contexto la posibilidad de que la administración de Nicolás Maduro logre sacar a la economía del túnel de inflación, recesión y escasez luce muy comprometida[21].

---

21 Al cierre de la primera semana de septiembre de 2015, la cesta petrolera venezolana registra un promedio en el año de 48,37 dólares versus un promedio anual de 88,42 dólares en 2014. En 2013 la cesta se cotizó a un promedio anual de 99,49 y en 2012 de 103,4 dólares.

Una demanda que desfallece por la fragilidad de grandes locomotoras de la economía global resta brillo al crudo. La Zona Euro emite señales de dirigirse a la tercera recesión en seis años; si bien Estados Unidos muestra signos de vitalidad, en términos históricos se trata de una recuperación débil, y China comienza a perder ímpetu.

Pero la fragilidad de la demanda no es el único factor que vulnera los precios del barril. También hay un crecimiento inesperado de la oferta. Gracias a la extracción de crudo de lutitas (*shale* en inglés), un tipo de roca rebosante de petróleo y gas inaccesible hasta la aparición de nuevas tecnologías, Estados Unidos ha incrementado a paso firme su producción al punto que un estudio de Wood Mackenzie afirma que, al ritmo actual, en 2025 podrá autoabastecerse[22].

Arabia Saudita también ha aumentado la producción mientras que Irak –de manera lenta pero constante– comenzó a recuperar su actividad después de la guerra al igual que Libia. Por otra parte, Irán negocia la firma de un tratado que se traduciría en el levantamiento de las sanciones que le impiden colocar libremente petróleo en el mercado.

A fin de golpear la rentabilidad de la extracción del crudo de lutitas en Estados Unidos, que en teoría requiere que el barril se cotice a un precio superior a 70 dólares y no ceder cuota de mercado, Arabia Saudita ha liderado la política seguida hasta ahora por la OPEP de no recortar producción.

Un factor a tomar en cuenta es que las empresas que explotan este petróleo no convencional han mejorado notablemente la productividad y los días para perforar un pozo cayeron de 22 a 9. El número de pozos perforados cada año aumentó de 16 a 41 y también están mejorando las técnicas

---

22 *Outlook by Wood Mackenzie's Global Trends Service*, 23 de octubre de 2014.

para romper la roca. La producción inicial por pozo creció 50 % en los últimos tres años.

La Agencia Internacional de Energía (AIE) considera que el ciclo en el que la oferta de petróleo supera a la demanda por un margen amplio y presiona a la baja los precios del barril se mantendrá hasta finales de 2016.

En su reporte de agosto de 2015 el organismo señala que la oferta de petróleo continúa creciendo a una «velocidad vertiginosa» y que en el segundo trimestre superó la demanda en 3 millones de barriles diarios, la mayor cantidad desde 1998.

«El reequilibrio que se inició cuando los mercados petroleros comenzaron con una caída inicial de precios de 60 % hace un año aún no ha acabado. Desarrollos recientes sugieren que el proceso se extenderá hasta bien entrado el 2016», dijo el reporte de la AIE.

Un factor relevante a tomar en cuenta es si definitivamente China, el segundo consumidor mundial de petróleo, crecerá a menores tasas y por ende le restará soporte al precio del barril de forma permanente. Todo apunta a que este es el caso: el gobierno del gigante asiático recortó su proyección de crecimiento para 2015 a 7 %, la magnitud más baja en dos décadas.

La desaceleración de China es natural en el sentido de que tras crecer a un promedio de 10 % anual durante los últimos 30 años, lo normal es que la expansión pierda potencia porque cada vez es más difícil mantener la tasa. Por ejemplo, un crecimiento de 7 % en 2015 significaría una producción mayor en bienes y servicios a la alcanzada en 2007, cuando la economía registró un alza de 14 %.

En el largo plazo el crecimiento depende en gran medida de la productividad, es decir, de la capacidad para incrementar la producción por trabajador y la brecha tecnológica entre China y los países desarrollados ha disminuido, lo que implica que las ganancias en productividad ya no tendrán la misma intensidad.

Otro factor a tomar en cuenta es que la población en edad de trabajar alcanzó su pico en 2012 y la inversión, que llegó a ubicarse en la astronómica proporción de 49 % del PIB, también parece haber tocado techo.

A las dudas que genera el entorno internacional se añade una creciente desconfianza hacia la capacidad de pago de Venezuela. En un entorno donde los precios del petróleo han registrado una baja sustancial y la república, incluyendo Pdvsa, está obligada a cancelar entre el segundo semestre de 2015 y 2016 unos 16.000 millones de dólares por vencimientos de deuda externa, las entidades financieras se preguntan continuamente si la administración de Nicolás Maduro no optará por declararse en *default*, es decir, no cumplir con el pago en el tiempo estipulado.

La firma Síntesis Financiera proyecta que si en 2016 el precio de la cesta petrolera venezolana promedia 48 dólares el barril al tomar en cuenta los ingresos y todos los gastos en divisas como importaciones y pagos de deuda, el país tendría un déficit de 22.000 millones de dólares.

Los inversionistas observan un altísimo riesgo en las finanzas venezolanas, lo que se traduce en que si la república emitiese nuevos bonos para obtener recursos y cancelar los que están por vencerse, tendría que pagar una tasa de interés exorbitante[23].

---

23 Al cierre de la primera semana de septiembre de 2015, Venezuela asumiría una tasa de interés de 29 puntos porcentuales por encima de lo que paga Estados Unidos, la nación que se financia al menor costo, mientras que en promedio el resto de los países de América Latina cancela 4 puntos.

Otra señal proviene de los *credit default swap* (CDS), el instrumento que utilizan los inversionistas para asegurarse de un posible incumplimiento en el pago que debe hacer el Gobierno al vencimiento de los bonos. Las compañías que venden los CDS les aseguran a los inversionistas que, en caso de que la administración de Nicolás Maduro no les cancele ellas lo harán, a cambio de recibir un pago anual. Es decir, operan como una póliza de seguro contra la eventualidad de un *default*.

En un reporte fechado el 8 de julio de 2015, el Bank of America indica que el desenvolvimiento de los CDS de Venezuela apunta a que el mercado observa 56 % de probabilidad de que el país caiga en *default* en un año y 95 % en los próximos cinco años.

La turbulencia

En 1984 el Instituto de Estudios Superiores de Administración (IESA) publicó un libro que resulta esencial para entender por qué en la década de los noventa Venezuela fue sacudida por una severa crisis política y económica que produjo un largo período de decadencia, violencia y empobrecimiento: *El caso Venezuela: una ilusión de armonía*.

El trabajo incluye un texto de Moisés Naím y Ramón Piñango que resultó un análisis profético: gracias a la riqueza petrolera, Venezuela creció, se modernizó y se expandió en todos los órdenes a una velocidad centelleante sin incurrir en las confrontaciones que estos procesos de transición desataron en otros países. No obstante, para ese entonces ya era evidente que el descenso de la renta petrolera presagiaba tiempos tormentosos en una sociedad carente de instituciones sólidas para dirimir conflictos. Por lo tanto, el país debía abocarse a construir un mejor sistema judicial, un parlamento eficiente y medios de comunicación social que difundieran de manera seria e imparcial los temas a ser debatidos.

Hoy podría decirse que la debilidad institucional es mucho más profunda que en 1984. Los poderes públicos responden claramente al partido de gobierno, no existen contrapesos y difícilmente habrá árbitros idóneos para encausar los conflictos que comienzan a aflorar tras el temblor que sacude al modelo económico y la desaparición del liderazgo carismático de Hugo Chávez.

Aunque es evidente un período de tiempos turbulentos está por verse si el chavismo perderá el poder. El 6 de diciembre de 2015, si todo ocurre como está previsto, los venezolanos elegirán la nueva Asamblea Nacional y entonces habrá una señal clara de si comenzará un proceso de transición política.

II. Los extravíos de la política social
Entrevista a Luis Pedro España

Cuando la propaganda, los corresponsales de influyentes medios de comunicación y presidentes de países europeos alababan los programas sociales del chavismo, festejando que la pobreza retrocedía en Venezuela gracias a las milagrosas misiones, su voz resultó incómoda advirtiendo que debajo del colosal *boom* petrolero continuaban intactas las causas de la miseria y señalando lo que el tiempo se ha encargado de demostrar: que tan pronto el precio del oro negro perdiera altura la penuria emergería con inusual fuerza.

Pero el afilado análisis de Luis Pedro España abarca mucho más. Explora las consecuencias de la cultura premoderna que prevalece en un país que no observa la riqueza como producto del trabajo, la innovación o el esfuerzo sino como ya existente, lista para ser repartida, proveniente de los recursos que reposan en el subsuelo.

Sociólogo, exdirector del Instituto de Investigaciones Económicas y Sociales de la Universidad Católica Andrés Bello, ha colocado a la pobreza como el objetivo de estudios académicos que permiten conocer lo que se esconde tras la cortina de cifras que registran a millones de personas incapaces de alimentarse o que habitan en viviendas construidas con material de desecho, carentes de servicios de saneamiento básico, en hacinamiento o sin alcanzar un grado de instrucción adecuado.

Sus investigaciones actúan como puente en una sociedad segmentada, sin espacios para el encuentro, dividida entre urbanizaciones y barrios donde abundan la desconfianza y el desconocimiento sobre los otros. En medio de las claras muestras del naufragio económico del socialismo del siglo XXI y de un inquietante incremento de los venezolanos sumergidos en la precariedad, consultarlo resulta imprescindible para comprender qué ocurrió durante los recientes años de bonanza y hacia dónde se dirige el chavismo tras la muerte de su líder fundamental.

* * *

—*Hugo Chávez llegó al poder tras veinte años de empobrecimiento. Entre 1979-1999 Venezuela pasó de ser uno de los países con menor pobreza en la región a que 6 de cada 10 venezolanos fuesen pobres. Cuando se observa el proceso es claro que hubo un quiebre en el modelo económico que desde 1920 permitió crecimiento con baja inflación y en esos veinte años hay un desplome brutal del PIB, es decir, el ingreso a repartir se redujo. ¿Entonces es falsa la premisa con la que el chavismo toma el poder de que el principal problema era la distribución de la riqueza?*

—Sobre ese tema es muy importante el trabajo que elaboró el profesor Matías Riutort en el marco del Proyecto de Estudio sobre la Pobreza. Gracias a que en los años 90 la Oficina Central de Estadística e Informática (OCEI), hoy el Instituto Nacional de Estadística (INE), colaboró, porque en ese tiempo la información del país era democrática, Matías Riutort construyó una serie de distribución del ingreso desde 1975. Esto le permitió determinar cuánto del incremento de la pobreza se debía a temas de distribución del ingreso y cuánto al desenvolvimiento de la economía.

Y ahí está muy bien constatado que la razón fundamental por la cual se empobrece la población a partir de los años 80 es por la caída del producto interno bruto. No es cierto que en ese período los ricos se hicieron más ricos y los pobres se hicieron más pobres; la verdad es que todos se hicieron más pobres, incluidos los ricos. Lo que pasa es que, por supuesto, las consecuencias del empobrecimiento de unos son muchísimo más dramáticas, muchísimo más estructurales que el empobrecimiento de los otros.

Eso no quiere decir que la estructura de ingresos en Venezuela haya sido muy igualitaria, todo lo contrario, era muy desigual, pero en esos años no se profundizó, permaneció como en los 70. Claro, en la década de los 70 con un *boom* de crecimiento, todos los agentes sociales y económicos fueron ganadores y el tema de la distribución no afectó tanto. Desde el punto de vista objetivo, de lo que demuestran los datos, el empobrecimiento en Venezuela está relacionado directamente con una caída de la riqueza.

—*¿Por qué cree que las élites políticas y económicas compartieron este diagnóstico de que se había profundizado la desigualdad y esa era la causa principal del empobrecimiento?*

—Por supuesto que el dato anterior es lo objetivo, pero el tema sociopolítico, vamos a llamarlo así, y que figura entre los factores que llevan a Hugo Chávez al poder, es el discurso del país rico. El imaginario de que la riqueza ya existe. Y esto es tan profundo que recuerdo un foro donde un profesor, que prefiero no nombrar, debatía con el economista

Asdrúbal Baptista. Este profesor afirmaba que Venezuela estaba condenada al éxito porque tiene la Faja Petrolífera del Orinoco y todas esas otras cosas que forman parte del imaginario venezolano sobre la riqueza. Y Asdrúbal Baptista contestó que estaba más o menos de acuerdo salvo por un detalle: toda esa riqueza hay que sacarla. Y para extraerla se requiere una inversión inmensa que este país, supuestamente rico, no tiene. Probablemente el mundo tampoco está dispuesto a explotar todo el petróleo de la faja, antes ocurrirán cambios tecnológicos y en las fuentes de energía.

Entonces en ese imaginario donde la riqueza está dada, ya es una condición, la forma como sociopolíticamente el venezolano se explica el empobrecimiento acelerado que comienza en 1978 es porque alguien se está llevando esa riqueza. El discurso de la corrupción, que fue muy fuerte a finales de los años 80 y también por supuesto en los 90, era perfecto porque permitía resolver la ecuación: tienes un país rico y un pueblo pobre. ¿Cómo es esto posible? Porque hay gente que roba.

¿Y quiénes roban? Todo aquel que no es anónimo. El que tiene tarjeta de presentación, llámese líder político, empresario, banquero, Gobierno. Cuanto más visible eres, más corrupto eres; cuanto más anónimo eres, cuanto más pueblo eres, entonces más sufrido, más víctima.

Hugo Chávez se montó en ese caballo. Un caballo muy alimentado por esta estupidez de la antipolítica y el antipartidismo. Pero no se trata de que el pueblo fuera ignorante, el pueblo es consumidor de quienes construyen los símbolos. La antipolítica se construyó en la clase media, en zonas de Caracas como Chuao, El Cafetal, auspiciada por asociaciones como el Grupo Roraima que pretendían reconstruir el país sobre las bases de qué se yo, las ONG. Eso es lo que lleva a un proyecto vengativo, montado sobre el discurso de la desigualdad producto de la corrupción.

—*Llama la atención que esa sociedad no enfrenta el tema de fondo, el agotamiento del modelo sustentado en la renta petrolera y cae en unos argumentos muy simples, evasivos como que aquel hundimiento era producto de la corrupción.*

—Es terrible cómo la historia se repite tantas veces. También podríamos preguntarnos por qué el gobierno de Nicolás Maduro no ha comenzado a hacer las cosas diferentes aunque todo le cambió. Tras la muerte de Hugo Chávez ya no hay liderazgo carismático, eso se terminó aunque pretenda heredarse. Además en este momento la popularidad es mucho menor a la que tuvo Chávez y se acabó el *boom* petrolero que comenzó en 2004. Muchos analistas consideran que no habrá otro salto de los precios del barril como el que tuvimos recientemente. ¿Por qué sigue actuando de la misma manera? Porque no puede hacerlo diferente.

Eso también le pasó a la élite venezolana que gerenció el modelo de sustitución de importaciones basado en la renta petrolera. Cuando la renta comenzó a caer lo único que hizo fue cruzar los dedos y decir ojalá suba.

—*¿Y por qué Nicolás Maduro ahora y aquellos gobiernos se ven imposibilitados de adecuarse a los tiempos y salirse de un modelo económico en colapso?*

Estás entrampado desde el punto de vista de los intereses. Cuando tú cambias de un modelo A a un modelo B va a ver un rejuego, vamos a lanzar la baraja nuevamente: ¿quiénes son los productivos? ¿Quiénes los no productivos? ¿Quiénes son los agentes ganadores? ¿Quiénes los perdedores? Más de uno dice «si esto se modifica puedo pasar a ser perdedor». Por ejemplo, a un importador privilegiado al que el Estado le asigna dólares a la tasa más baja de 6,30 bolívares seguramente no le parecerá una buena noticia ir a un modelo productivo y que alguien comience a producir lo que él trae del exterior. Puede que tenga otro discurso de la boca para afuera, pero si puede obstaculizarlo lo hará y la forma de impedirlo es que se mantenga ese tipo de cambio a precio subsidiado. Son las mismas trampas, de intereses, ideológicas.

—*¿Trampas ideológicas en qué sentido? ¿Dar un vuelco a lo que se supone que debes hacer porque las condiciones han cambiado es muy costoso respecto a tus bases de apoyo político?*

—Hay diferencias porque el contenido ideológico actual es muy, muy fuerte; no era tan fuerte en el pasado. En los años 80 y 90 el principal factor es que los líderes no se arriesgaron a asumir nada distinto. Me viene a la mente la imagen de Miguel Rodríguez, quien fuera el ministro de Planificación en el segundo gobierno de Carlos Andrés Pérez, explicándoles a los líderes del país, incluida la plana mayor de Acción Democrática que estaba sentada en primera fila, el proyecto para cambiar la economía. Retando con altanería tecnocrática a aquellos ancianos, diciéndoles que si tenían un plan alternativo que se lo presentaran.

A pesar de que Miguel Rodríguez haya podido tener la razón o no, no lo sé, no es el momento para decirlo, pero el cambio que proponía la tecnocracia o como se quiera llamar a los ministros del segundo gobierno de Carlos Andrés Pérez no lo comprendía la élite del país porque no podían pensar nada distinto. Cuando escuchaban a Miguel Rodríguez refiriéndose a la necesidad de superar el modelo rentista e importador era como Charlie Brown cuando oye a la maestra: *wawawawa...*

Y en este momento Nicolás Maduro es Charlie Brown y quienes explican la necesidad de un cambio de rumbo son la maestra. No lo entiende, así de simple.

—*Ha señalado que Hugo Chávez es el líder vengador que los venezolanos buscaban desde que comenzó el proceso de empobrecimiento. ¿El chavismo viene a ser la respuesta ideal a una gran simplificación de los males de fondo de la economía venezolana?*

—Sí. El caudal de votos con el que Chávez gana en 1999 proviene de la clase media urbana mientras que las zonas rurales y semiurbanas continúan votando por el bipartidismo porque son los más dependientes del Estado. Es la clase media urbana la que estaba harta de empobrecerse, la que busca el vengador. Más de una señora encopetada que hoy sale a protestar en contra del Gobierno y que salió a protestar contra Chávez también fue muy chavista en su momento. Recordemos que ese imaginario de la riqueza que comentamos antes estaba acompañado del tema de la autoridad, la idea de que aquí hace falta una mano dura. ¿Cuáles eran las tres instituciones más importantes, las que salían mejor paradas en las encuestas de opinión? La Iglesia, seguramente porque tenía que ver con el cielo; los militares, porque no habían gobernado o tenían mucho tiempo sin gobernar, y los periodistas. Los periodistas no iban a gobernar, la Iglesia menos, entonces ¿quiénes quedan? Los militares. Y en eso también se montó Chávez. Entonces, ciertamente sí fue una respuesta política muy simple a un problema muchísimo más complejo.

—*Usted tuvo una reunión con Hugo Chávez, recién elegido Presidente, en la que le mostró el trabajo de Matías Ruitort y discutieron el tema de que el problema de fondo no estaba en la redistribución de la riqueza. ¿Chávez admitió ese diagnóstico?*

No, de ninguna manera; yo creo que se quedó sin argumentos, le era absolutamente increíble. Lo que veía no lo creía y por supuesto nunca lo creyó, cosas así como que en el año 1992 se redujo la pobreza, esa fue su primera pregunta: ¿eso es verdad, que en 1992 se redujo la pobreza? Contesté que sí y alguien agregó «sí mi *presi*, cuando usted dio el golpe».

Él no tenía argumentos más allá de repetir a cada rato: hay que cambiar el modelo, esto así no puede continuar, por ese camino no vamos a ningún lado, por eso hace falta la Constituyente, con la nueva Constitución vamos a reordenar todo esto.

Cada vez que se le proponían cosas con las que él no sintonizaba demasiado porque no encajaban en su concepto de lo revolucionario, como que la pobreza era un problema de desarrollo, que el desarrollo es un problema de acuerdos nacionales, un tema de aglutinar y no de excluir gente, él insistía nuevamente en que había que cambiar el modelo y no solo en Venezuela, se refería al modelo económico mundial, porque el capitalismo estaba acabando con el planeta.

A eso de las dos de la mañana, ya agotado, le dije: «Presidente, ¿usted cree que un país de 20 millones de habitantes, donde la mitad tiene como principal preocupación las 24 horas del día qué es lo que van a comer ellos y sus hijos; un país que solamente se conoce en el mundo porque produce petróleo, usted cree que ese país va a cambiar el modelo económico mundial?». Y me dijo con ese par de bolas: «Sí».

El argumento era mesiánico, voluntarista, eso también lo pude ver en esos tiempos iniciales del chavismo por la cooperación que teníamos las universidades, porque las universidades siempre han entendido que el primer destinatario de sus trabajos es el Gobierno, con la idea de que descubran dónde están los problemas y hagan mejor las cosas. Por eso es que las universidades siempre van a ser de oposición.

—*En la primera etapa del gobierno de Chávez, 1999-2004, antes de que despeguen los precios del petróleo explota una gran conflictividad política, una fuerte recesión y no se producen me-*

joras en la calidad de vida. Sin embargo ese gobierno se convirtió en el «gobierno de los pobres». ¿Qué hizo que la figura de Hugo Chávez tuviera tanto respaldo en los sectores de menos ingresos? ¿Por qué la sensación de que se trataba de un presidente accesible y preocupado por lo social bastó para hacer esa conexión; era tan grande el vacío que había allí?

—En verdad ese sí puede ser el legado de Chávez. Las élites del país siempre pensaron que la pobreza, que los sectores populares, eran un rezago, la consecuencia de cosas que no se estaban haciendo bien o que faltaba tiempo para que se incorporaran. Por eso el concepto de marginal, de alguien que está al margen de algo que va por el rumbo. Los gobiernos de los últimos 20 años de la democracia civil no entendieron que eran ellos quienes estaban quedando al margen. Por eso es que su discurso político no tenía nada que decirle a una mitad de la población que vivía una cotidianidad distinta y absolutamente diferente.

El verdadero legado de Chávez es haber colocado en el centro lo que las élites de la democracia civil concebían como el margen. Pero además de manera auténtica, porque no es que se fue una noche a dormir a un barrio ni ninguna otra de las figuras que construían los asesores electorales. No tiene por qué decirse si es bueno o es malo, pero era auténtico.

Recuerdo que después de la larga conversación que tuve con Hugo Chávez llegué a mi casa a las tres de la mañana y a las seis sonó el teléfono y era mi papá para preguntarme cómo me había ido. Le contesté: «Bueno, viejo, el hombre de verdad creo que es ingenuo, tanto que a veces me parece que puede que sea ignorante. Lo que sí es verdad es que es auténtico».

—*Se ha mencionado mucho el tema de que los pobres se hacen visibles en esta etapa.*

—Es un líder carismático que se mete en el bolsillo a los venezolanos cuando no había dinero, él los visibiliza, los hace visibles. Antes de eso los pobres no existían.

Por ejemplo cuando Carlos Andrés Pérez gana por segunda vez la presidencia lo social sencillamente no existía, la ministra del área era un cero a la izquierda en el gabinete. Ocurre el 27 de febrero de 1989 y por supuesto los pobres comenzaron a aparecer, pero fueron sus vidas las que los hicieron visibles, antes no existían.

Quizás las vivencias ayudan a ilustrarlo. En esos tiempos fui a unas mesas de trabajo que se hicieron en el Fuerte Tiuna para informar el Plan de la Nación, asistí representando a la Universidad Católica Andrés Bello. Allí estaban miembros de las bases de Acción Democrática. Llegó un funcionario que colocó dos Mont Blanc sobre el escritorio, se arremangó las mangas de una camisa impecable y se aflojó la corbata, era la imagen de un gerente gringo. A mi lado estaba una señora que venía de un barrio, en chancletas.

¿Qué tenía que decirle ese funcionario a esa señora? Absolutamente nada. Chávez no era así. Además, con una vestimenta de autoridad frente al sector popular que era lo militar. Porque Chávez, está bien, se metió a los venezolanos en el bolsillo, pero se los metió con uniforme, eso fue muy importante, el tema del hombre fuerte, el hombre de armas, el hombre militar, el caudillo. Un civil jamás hubiera podido lograrlo.

—*¿La postura de la oposición en esta etapa turbulenta no ayudó a consolidar ese liderazgo?*

—Sí. Hay que tomar en cuenta que durante la etapa de la crisis política, cuando los radicales de oposición, que son los que llevan adelante el golpe de Estado del 11 de abril de 2002 y el paro empresarial, decían que había no sé cuántas áreas inmovilizadas, para la señora del barrio aquello era absolutamente inconveniente. No conseguía la bombona de gas, se le dificultaba trabajar y en ese sector si no trabajas no comes.

Mientras esto ocurría la realidad en el este de Caracas era de vacaciones colectivas, de utilidades pagadas. Entonces Chávez llegó cacheteando realidades que no querían verse y la reacción del otro bando polarizó todavía más. Y después viene el *boom* petrolero, imagínate.

—*A partir de 2004 comienza lo que usted ha llamado el socialismo petrolero. ¿Podría explicar esta tesis?*

—El socialismo petrolero es un nuevo esquema de distribución de la renta petrolera. Si repasamos rápidamente la historia tenemos que al plantearse el tema de cuál debe ser el destino de la renta, Arturo Uslar Pietri señala que se trata de un capital y que como proviene de un recurso no renovable tiene que ser invertido, a fin de que en el futuro pueda ser sustituido por la riqueza proveniente de esa inversión.

La tesis de Rómulo Betancourt comparte este argumento de Uslar Pietri pero indica que la renta también tiene que ser utilizada para que los venezolanos puedan participar de esa riqueza, y tenía razón. Betancourt afirma que Venezuela tiene la ventaja de que la renta petrolera es lo suficientemente grande como para destinar una parte a la inversión y una parte al consumo. Ese es el esquema distributivo que acompaña al modelo sustitutivo.

Chávez recibe un *boom* petrolero no esperado y el destino privilegiado de la renta es el proyecto político, no es el pueblo. Es en el nombre del pueblo que se va a construir un socialismo petrolero que es la idea de que la riqueza que tiene Venezuela proviene única y exclusivamente del petróleo, y el resto de la economía es simplemente una correa de transmisión que no produce riqueza y no va a producirla porque hay muchas trabas, muchas taras. Se parte de la tesis de que el valor agregado –para utilizar términos económicos– que genera la economía no petrolera es muy pequeño, es un sector que solamente empaqueta bienes finales, prácticamente no transforma las materias primas, ensambla y utiliza máquinas que compra en el exterior. Eso por supuesto no es verdad.

Y además –por eso te digo que es político– el chavismo se dice: estos señores que hacen la transferencia de la riqueza petrolera al pueblo son mis enemigos, porque trataron de tumbarme. Y encima la lata, la máquina, los materiales que ensamblan lo compran en el exterior con los dólares que yo les doy.

Entonces, lo primero que hace es controlar las divisas, que prácticamente todas provienen del Estado, y las administra desde el punto de vista político.

Al mismo tiempo comienza la compra o invasión de todas las actividades productivas porque es un problema de tiempo que pasen a formar parte del Estado, porque si en algún lugar era posible la economía del socialismo real era en esta sociedad petrolera donde el petróleo, que viene a ser la riqueza concentrada, le pertenece al Estado. Claro, ese es digamos el socialismo petrolero radical, que como te digo es un proyecto político.

—*¿Más que sembrar el petróleo se trata de sembrar el chavismo?*

Es sembrar el chavismo y para sembrar el chavismo hay una versión económica y la justificación es que esta es una economía que no produce valor agregado.

—*¿Y no se veían los evidentes límites de esta tesis?*

—Todos los límites se creían administrables. El tema de la superación del petróleo como fuente de energía se ve como que sigue siendo de largo plazo y para la posible caída de los precios del barril la respuesta que le dieron a Chávez fue la del pico de producción, los analistas dicen que el precio va a aumentar hasta siempre porque ya no hay forma de producir más.

—*Se decía que la demanda siempre iba a ser superior a la oferta y que el barril incluso podía llegar a 300 dólares.*

Cada vez que comienza un *boom* petrolero se dice eso, en los años 70 se hablaba de que llegaría en esos tiempos a 100 dólares. Chávez llegó a decir en uno de los *Aló Presidente* que el precio del petróleo iba a llegar al infinito, y cuando decía infinito doblaba los ojitos para atrás como cuando entraba en delirio. Ese era el horizonte para el socialismo petrolero radical.

—*¿Y cuál es el socialismo petrolero no radical?*

—Hay una tendencia moderada, más cercana a la mirada que tradicionalmente la sociedad venezolana le ha dado al petróleo pero que consideraba que como la siembra anterior salió enemiga del Gobierno, entonces había que producir una nueva burguesía nacional. Esta tendencia no se creía el cuento de que el precio del petróleo iba a aumentar hasta el infinito. Este socialismo petrolero moderado, no radical, lo que entiende es que tiene que haber una sustitución de élite, una nueva siembra del petróleo porque la cosecha anterior resultó piche.

Y esas dos tesis convivieron. Cuando había que hacer repliegues por razones económicas o por razones políticas, los moderados eran los que ocupaban la palestra.

Gracias al socialismo petrolero esta es una economía que pasó de importar 17.000 millones de dólares a importar casi 60.000 millones de dólares. Con esa tesis de que la economía no petrolera no producía nada o no generaba ningún tipo de valor agregado el chavismo la mató. Pero la mató por razones políticas.

¿Hay una intencionalidad? Creo que la hay. Está el proceso de nacionalización, todo lo que fue el proceso de las expropiaciones y, tan importante como lo anterior, el control de la economía; aquí no se mueve un camión de Caracas a Maturín sin que la Sunagro lo autorice[1].

Por supuesto el socialismo petrolero entró en crisis con el primer resfrío que sufrieron los precios del petróleo.

—*¿Cree que el socialismo petrolero sigue estando presente en este momento en el gobierno de Nicolás Maduro?*

—Actualmente el socialismo petrolero sigue estando en la cabeza, aunque lo gobiernan los intereses. La idea de una economía absolutamente si no estatizada, controlada por el Estado, donde la justificación fundamental es que lo único que produce riqueza es el petróleo y la actividad no petrolera es simplemente una correa de transmisión.

—*Existe la creencia de que los programas sociales que crea el chavismo, englobados bajo el nombre de misiones, son un cambio drástico porque la renta petrolera comienza a llegar a los estratos pobres. ¿Qué opina?*

—En el momento del *boom* petrolero, cuando las compañías de mercadeo comenzaron a ver que la demanda se estaba incrementando en los sectores populares, primero porque eran más y segundo porque tenían mayor capacidad de compra, comenzó un discurso según el cual la mejora en el ingreso provenía de las misiones.

Pero cuando revisas la encuesta de hogares del INE o la encuesta del Estudio de la Pobreza, observas que ciertamente hubo un aumento de las transferencias hacia los hogares

---

1   Se refiere a la Superintendencia Nacional de Gestión Agroalimentaria.

pero no de las dimensiones que se decían. En 1997, cuando se hizo la primera encuesta del Estudio de la Pobreza, los hogares reportaron que hasta un 6 % de sus ingresos totales provenían de transferencias que pueden ser pensiones o de otro tipo. Diez años después, en 2008, cuando se hizo la segunda encuesta, eso pasa de 6 % a 12 %, que es bastante, el doble, pero sigue siendo 12 %. El 80 % del ingreso de los sectores populares proviene de su trabajo, un trabajo sobrerremunerado si tú quieres porque hay un tipo de cambio subsidiado que abarata los productos importados, pero no de transferencias.

—*¿Principalmente la mejora en la capacidad de consumo provino de los mecanismos clásicos para distribuir el* boom *petrolero, gasto público, aumento de los empleos en la nómina del Estado, contrataciones de obras, sobrevaluación de la moneda y no de las misiones?*

—Es una transferencia económica, no es una transferencia de política social. Cuando el ingreso petrolero aumenta el Estado demanda más y quienes trabajan para el Estado o contratan con él reciben renta de manera directa. A su vez quienes le prestan bienes y servicios al Estado requieren de proveedores que también se benefician de la expansión del gasto público.

A esto se agrega la sobrevaluación de la moneda. Haciendo lo mismo, trabajando en lo mismo, teniendo el mismo nivel de productividad del año 2000, 2001 o 2002, los venezolanos consumieron mucho más a partir de 2004, cuando comenzó el *boom* petrolero y con su sueldo renovaron activos como televisores, carros, cocinas, neveras como no lo habían hecho desde los años 70. La economía creció pero mucho más lo hizo el consumo en los hogares. Entre 2004-2008, en promedio, el consumo privado aumentó 15 % al año. Recuerda que el precio del petróleo llegó en 2008 a 140 dólares, cuando a finales de 2003 escasamente promediaba 30 dólares por barril.

Gracias al aumento de la renta petrolera la reducción de la pobreza por ingresos entre 2004-2008 fue muy importante, cayó desde 61 % hasta 33 %. También hubo una caída de la pobreza por necesidades básicas insatisfechas, aunque menor, de 30 % a 23 %, porque principalmente lo que había era una mejora en el consumo y no una afectación de las variables estructurales de la pobreza.

Pero se generó una opinión distinta no solo en Venezuela, también en otros países. En aquellos momentos del *boom* petrolero fui a foros internacionales y era notoria la farsa que se había montado en el sentido de decir que el país tenía una política social que había sacado a los venezolanos de la pobreza. Te asombrarías de la cantidad de periodistas de medios extranjeros a los que he tenido que explicarles que no es verdad que en este país se come gracias a las misiones.

—*Usted ha señalado que «uno de los fraudes más espectaculares de estos años fue, sin duda, la política social de las misiones. Bajo el listado de lo que ya eran déficits crónicos de atención social, teniendo en cuenta el conjunto de demandas sociales del país, se armó el cuadro de las necesidades de los sectores populares, al cual se le fueron asociando acciones gubernamentales específicas, fáciles de comunicar y sin mayores trabas burocráticas». ¿Por qué cataloga de fraude la principal política social del Gobierno?*

—Por su intencionalidad política. Para ilustrarlo veamos el caso de la Misión Robinson, que es emblemática en este aspecto. Supongamos que en verdad se quería acabar con el analfabetismo. Lo primero que habría que hacer es determinar dónde están quienes no saben leer y escribir. El analfabetismo es un rezago de la masificación de la educación, son personas que cuando eran pequeños la educación primaria no estaba masificada, por eso el analfabetismo está concentrado en mayores de 60 años, en las mujeres por el tema de género y en las zonas rurales, que fue donde por último llegó la escuela.

Si usted quiere buscar analfabetos váyase a Barinitas, por ejemplo, encuentre a las mujeres de 60 años y va a conseguir que 30 % son analfabetas, y es ahí donde tienes que actuar. ¿Cuándo es un fraude? Cuando conviertes una política que supuestamente es para reducir el analfabetismo en un programa en los sectores urbanos para que te vean como que estás haciendo algo, en propaganda. No había que buscar un solo analfabeto en Caño Amarillo.

Cuando Aristóbulo Istúriz era ministro de Educación yo dije que el analfabetismo en Venezuela se había reducido más o menos en dos puntos porcentuales no por la Misión Robinson, sino porque los analfabetos se habían muerto. Claro, los tienes concentrados en las personas mayores de 60 años, en las zonas rurales, mañana los cuentas y habrá menos.

La respuesta de Aristóbulo fue llevarse a dos viejitas para el programa que tenía en Venezolana de Televisión. Una de ellas se llamaba Rosita. Aristóbulo le preguntó: «Por ahí hay un profesor de una universidad diciendo que eso de la Misión Robinson no sirve porque aquí se redujo el analfabetismo porque ustedes se murieron. ¿Rosita, tú estás viva?».

Por este estilo ha sido todo. Otro ejemplo importante es la Misión Ribas. Cuando la evaluamos en 2008 por allí habían pasado, alguna vez en su vida, un millón y medio de personas. De estos desertó la mitad, en su mayoría los más jóvenes porque se daban cuenta de la piratería en la que estaban metidos. Principalmente permanecieron las mujeres mayores, las amas de casa fundamentalmente porque era su segunda oportunidad, la mujer sabe que su puerta de entrada al trabajo formal es a través de la escuela. Eso es la Misión Ribas, la segunda oportunidad para un conjunto de señoras dentro de los sectores populares.

—*¿No hubo una selección adecuada para determinar quiénes se beneficiaban de las misiones?*

—No podía haberla. Con la selección se es más eficiente, se impacta mejor y se reducen los índices que se quieren reducir pero no se cumple el objetivo político, que tu política social sea visible. Solo había que anotarse en una lista, hacer una cola o trasladarse hasta el toldo convenientemente instalado por la militancia. ¿Y quiénes van allá? Los que tienen más recursos, los que están más informados, o sea la burguesía del barrio es la que más se beneficia. Los beneficiarios no solamente son de una misión, sino de varias.

Si algo sabemos de política social es que los pobres no llegan a ti, tú tienes que salir a buscarlos. No puedes operar como si fueses una panadería donde la demanda te va a llegar, esa es una lógica de mercado.

El impacto social cuantificado, la articulación con otras políticas, la transparencia en el manejo de los fondos, la selección de los beneficiarios de acuerdo a sus reales necesidades, nada de eso importaba. Los beneficiarios no solamente son de una misión sino son de varias porque la entrada a los programas es libre.

Además la política social de las misiones no atacaba las distintas causas de problemas como el abandono escolar, la precariedad del empleo y el déficit de inversión en infraestructura.

Se utilizaba la imagen de ante un problema una misión, una acción, un establecimiento, una propaganda, un presupuesto. Así no funcionan los programas sociales. Por ejemplo, la mortalidad infantil no tiene una sola causa, tiene por lo menos seis y la más importante no es la atención médica. Por eso con Barrio Adentro solo estás atendiendo una de las causas de la mortalidad infantil.

—*¿Y por qué los sectores populares respaldan las misiones?*

—Recuerdo que mientras evaluábamos la Misión Ribas entrevisté a una mujer de 32 años de un pueblo de pescadores en Margarita. Cuando le pregunté qué le gustaba de este programa entró en fascinación y me dijo: «Las fiestas».

Es decir, las misiones tienen funciones sociales diferentes, integradoras, de protagonismo, de visibilidad. Porque el Gobierno no está en un ministerio, sino allí mismo en un toldo, en la esquina. El sentido es que el Estado es accesible. Pero el impacto social es cero. Y la prueba es que cuando se estabiliza el precio del petróleo se detiene la caída de la pobreza. ¿Por qué si las misiones eran las responsables, y no el *boom* petrolero, los programas no siguieron disminuyendo la pobreza?

Hasta 2012 la pobreza, tanto de ingresos como por necesidades básicas insatisfechas, se mantuvo casi que al mismo nivel de 2008. La mejora se detuvo.

—*Un hecho interesante es que los sectores de clase media que comenzaron a oponerse ferozmente al chavismo compraron la idea de que las misiones permitían que unos pobres holgazanes vivieran del Gobierno a cambio de sus votos. ¿Esto no ha reforzado el resentimiento y en su momento no ayudó a pavimentar la imagen de eficiencia de las misiones?*

—Es una clase media que padece *apartheid* sociopolítico porque los espacios policlasistas, las instituciones que permitían que las personas de distintos estratos se vieran unas a otras como el partido político, donde la señora encopetada compartía con sindicalistas, se perdieron.

En las clases medias era inentendible que una parte del país estaba a favor de Chávez y tenían que explicarlo desde su infantilismo político. Entonces primero decían que se trataba de un fraude y luego que compraron al pueblo.

El desconocimiento que tiene la clase media de los sectores populares la llevó a ese tipo de cosas, a replicar que la gente vivía de las misiones y las hicieron más populares.

—*Usted afirmó sobre el período 2004-2008 que «el ascenso social ocurrido en Venezuela es de naturaleza economicista y rentista. No es el resultado de una política integral de desarrollo». ¿A qué llama un ascenso economicista y rentista?*

—Como el ingreso petrolero se distribuyó por los mecanismos que hemos mencionado antes a través de gasto público o por medio del subsidio del tipo de cambio, los sectores que más se favorecieron fueron los que tienen más capacidades, mejor inserción en el mercado laboral; el mecanismo de asignación era el mercado.

El mercado asigna en función de quiénes son los mejores, los más productivos, los más eficientes, los más creativos y ante esa tendencia, que debe existir para que haya progreso porque de lo contrario desaparece el esfuerzo, es necesaria una política social que busque a los excluidos o menos favorecidos para transferirles recursos y capacidades.

La política social tiene que salir a buscar a los pobres, no funcionar como decía antes de una forma similar a una panadería con la lógica del mercado, por eso lo llamo economicista. Y rentista porque tuvo algún impacto mientras hubo dinero, fue un ascenso social supeditado a la renta petrolera.

—*Otra afirmación suya fue que el «ascenso social fue de tipo privado, individual y familiar antes que público o comunitario». ¿A qué se refería concretamente?*

—El proceso de desinstitucionalización que ha sufrido Venezuela ha significado que lo único que tiene el venezolano es su familia. El éxito escolar se correlaciona más con el nivel de instrucción de la madre que con la calidad de la escuela; ante un evento catastrófico o enfermedad los venezolanos recurren en primera instancia a su familia antes que a cualquier institución formal de seguridad; generalmente en caso de urgencia se le pide dinero a un familiar. Pero en cualquier sociedad de desarrollo medio los sectores populares tienen acceso a instituciones financieras, a sistemas de seguridad social y de salud.

Lo considero individual porque es una estrategia de uno a uno, la estrategia de organización popular es para las elecciones o para unos experimentos que no funcionan como las comunas o la idea del trueque. La forma como ingresas a las misiones es individual, por tus propios pasos, y no es pública porque una política pública no excluye. Cuatro de cada diez venezolanos están convencidos de que la política social se asigna por razones políticas. Se vendía la idea de que era un favor del Presidente.

La política social de la democracia civil era pospago. Te entrego la lámina de zinc y los bloques para que votes por mí. En el chavismo es prepago, una vez comprobada la lealtad es que te voy a dar la Misión Vivienda, o te voy a incluir en alguna de las listas.

Es una diferencia brutal porque en la pospago tú eres libre en el sentido de que es un derecho. Ahora es demuéstrame el amor para después dártelo.

Tengo la anécdota de que en el segundo gobierno de Rafael Caldera la UCAB hizo unos estudios para el Banco Mundial a fin de determinar cómo los venezolanos percibían los programas sociales de la Agenda Venezuela y cuál era el grado de satisfacción. Una de las preguntas de la encuesta era quién era responsable de esos programas y en el caso de Cojedes apareció con 15 % un tal José Hernández. No era gobernador, ni director sectorial, ni de la Fundación del Niño.

Resultó que era un locutor de radio que tenía un programa y recomendaba a la gente que fuese a los multihogares. Si haces esa encuesta hoy el único responsable de la política social es Chávez desde el más allá.

Esa es la prueba de cómo convertiste la política social en un favorcito y no en un derecho.

—*Hablemos del estudio* Análisis de condiciones de vida de la población venezolana 2014, *elaborado por la Universidad Católica Andrés Bello, la Universidad Central de Venezuela y la Universidad Simón Bolívar, donde usted coordinó la parte de pobreza. Según lo explicado se utilizó la misma metodología que aplicó la antigua Oficina Central de Estadística e Informática (OCEI), hoy Instituto Nacional de Estadística (INE), cuando en 1998 elaboró la última encuesta social realizada por el sector público. El resultado es que los hogares en situación de pobreza de ingresos aumentaron desde 45 % hasta 48,4 % entre 1998-2014. Evidentemente tuvo que haber un aumento muy importante de la pobreza en 2014 asociado al salto de la inflación, sobre todo de alimentos. ¿En 2015, que ha tenido una inflación aún más elevada, la pobreza va a llegar a niveles récord?*

—Estoy considerando que este año vamos a romper el récord de pobreza medida por ingresos que hayamos podido tener en cualquier pasado conocido. Si quitamos 2003 porque se trató de un año con un evento especial como el paro petrolero, el porcentaje más alto en personas es de 61 % en 1990. Creo que lo vamos a superar. En el estudio UCAB la pobreza medida por personas, ya no por número de hogares, arrojó 52 % en 2014 y en un año debemos haber aumentado diez puntos, por eso digo que vamos a superar el 61 % de 1990.

Pero el punto más importante es que de ese 48 % de hogares, o 52 % de personas, dos terceras partes es pobreza reciente y una verdadera política social, no la que tenemos, tiene que tratar de evitar que esa pobreza reciente se convierta en estructural en dos o tres años. Si no actúas se va a convertir en pobreza estructural por la deserción escolar, jóvenes que abandonan los estudios e ingresan en el mercado laboral de manera precaria y la liquidación de activos. Por ejemplo, la situación obliga a vender el vehículo con el que trabajas como taxista.

Conozco a un señor que me sirve de taxista. Tiene un Mitsubishi del año 2004 porque era de una cooperativa de Pdvsa; por supuesto el carro se ha deteriorado. Hace seis meses estaba en el problema de arreglar el carro, conseguir repuestos. Hace dos meses me dijo: «Tiré la toalla, vendí el carro porque estoy endeudado y voy a trabajar de vigilante en el estacionamiento donde lo guardaba».

Eso es ir a la pobreza estructural. Comienzas a tomar un conjunto de decisiones porque las circunstancias te obligan. Entonces el muchacho ya no va para la escuela sino a trabajar, la mamá sin ningún tipo de preparación busca cualquier empleo, la joven que tuvo el embarazo precoz abandona los estudios y el último paso es que comienzas a liquidar activos.

—*¿Cuál debería ser el foco de la política social en las actuales circunstancias?*

—Una política social que quiera evitar que esa pobreza reciente se convierta en estructural tiene que atender al joven, cambiar esta lógica donde la educación profesional solo es universitaria, impedir que las mujeres ingresen al mercado laboral de manera ineficiente creando programas de emprendedores y formación para el trabajo como producir viandas, tecnología de alimentos.

Al mismo tiempo es necesario impedir el impacto de corto plazo, que va a ser la caída del consumo. Para eso habría que hacer transferencias directas con focalización porque ya no existen los recursos de antes.

En el estudio *Análisis de condiciones de vida de la población venezolana 2014*, las encuestas nos arrojaron que en los últimos cinco años las misiones alcanzan a 2,5 millones de personas y en promedio cada una de estas personas se beneficia de 1,7 programas; es decir, existen quienes tienen hasta tres programas por esta lógica de captura.

Esta cifra refleja una percepción. Se le pregunta a la gente si es beneficiaria y de cuál programa social. Puede ser que un entrevistado que compró un pollo en Mercal diga que no se beneficia de las misiones. O al revés, alguien se considera beneficiario de la Misión Vivienda porque le dijeron que en el terreno baldío que está cercano a su barrio van a hacer una torre de 14 pisos y su apartamento es el 12H.

—*Un aspecto relevante es que entonces las misiones no fueron capaces de detener el empobrecimiento. El estudio de análisis de condiciones de vida indica que al cierre de 2014 «dos millones de venezolanos dicen ser beneficiarios de una o más misiones. De ellos solo el 20 % están en pobreza extrema y casi la mitad de los beneficiarios no deberían serlo por no estar en "estado de necesidad"». ¿Cómo se explica que el Gobierno haya perdido el foco de esta manera? ¿Una asignación más eficiente mejoraría la cobertura de los programas y ayudaría a detener el empobrecimiento?*

—Porque la burguesía del barrio es la que se registra y averigua. Cuando Mercedes Pulido era ministra, en el segundo gobierno de Rafael Caldera, ella me envió al estado Zulia para que evaluara los programas sociales donde supuestamente funcionaban muy bien. Una supervisora me dijo que todo era mentira, que la gente estaba pasando trabajo. Entonces le dije muéstrame. Y fuimos a la Laguna de Sinamaica.

Comienzo a ver y los principales beneficiarios de los programas eran los hijos de los lancheros. Cuando uno tomaba una lancha veía a los niños desnutridos, las indias enfermas. Regresé al ministerio y les dije «estamos dándole el programa social al que tiene más capacidad de acceder, hay que contratar a los lancheros para que vayan a buscar al niño y a la madre, los monte en la lancha y los lleve al Multihogar, porque la madre wayúu jamás se separa del niño». Entonces si quieres que ese niño no sea desnutrido tienes que irlo a buscar, la madre jamás va a ir al Multihogar por sus propios pasos y decir soy pobre.

—*Cuando se evalúa la cobertura de las misiones respecto al total de la población en pobreza, ¿qué arroja el estudio de análisis de condiciones de vida?*

—Este estudio nos dice que cuando vemos el gran total, solo 11,7 % de los pobres son beneficiarios de alguna misión, cualquiera, incluyendo Mercal, y 10,8 % de la población que no está en estado de necesidad o pobreza dice ser beneficiario de alguna misión.

—*El tema de la poca focalización de los programas sociales debe estar afectando a la Misión Vivienda, que es en este momento una de las principales ofertas del Gobierno. ¿Qué ha detectado al respecto?*

—La Misión Vivienda es otro ejemplo de cómo son los mecanismos de asignación. Construyes edificios, por decir algo, en la avenida Lecuna y principalmente se los entregas a los militantes, y si algunos son bandas armadas luego tienes que aplicarles la Operación de Liberación del Pueblo (OLP).

Ahora veamos las cifras. Según el Censo 2011 el número de familias que vivían en viviendas inadecuadas era de 619.000. Si la Misión Vivienda tuviera como objetivo principal eliminar los ranchos se ha debido concentrar en las zonas del país donde están la mayoría de las viviendas construidas con materiales de desecho; es decir, Anzoátegui, Aragua, Bolívar, Carabobo, Guárico, Lara, Portuguesa y Zulia.

Si esto hubiese sido así las 370.000 viviendas que en principio construyó la misión entre 2011 y 2012 habrían reducido en 60 % la cantidad de ranchos en el país.

—La administración de Nicolás Maduro no ha tomado conciencia de las fallas en los programas sociales y el país corre el riesgo de sufrir lo que usted ha denominado un deslave social. ¿Cómo evalúa la posibilidad de que se produzca un cambio de políticas en el área social?

—La política económica es más sencilla que la social. Hacer que un niño wayúu no sea desnutrido es mucho más complicado y lleva más tiempo. Si el gobierno de Nicolás Maduro no ha tenido el valor de cambiar la política económica en dos años, sea porque considera que es la maestra de Charlie Brown quien le habla, porque los intereses se lo están comiendo o porque los lastres ideológicos que tiene en la cabeza son enormes, menos va a poder adaptar los programas sociales a las actuales circunstancias.

No tiene ninguna posibilidad de decir que los mecanismos de asignación de la Gran Misión Vivienda no pueden ser estos y tienen que ser sociales.

—El análisis de condiciones de vida señala que la población percibe las misiones «como una vía para alcanzar metas

sociales que normalmente en otras sociedades se entienden que se alcanzan por el trabajo productivo». ¿Como cuáles?

—Viviendas, carros. Existe la creencia de que son una vía para que el Gobierno te dé acceso a lo que no puedes conseguir a través del trabajo. Eso no hay manera de cumplirlo, es un populismo absoluto.

—Esto hace que un eventual cambio en la política social, así sea para hacerla más efectiva, luzca complicado. Por ejemplo, usted ha advertido que las misiones son un hecho comunicacional y su reforma exigirá un plan de comunicación muy agresivo para que su transformación tenga viabilidad política, cualquiera sea el Gobierno o el momento en que se haga. ¿Cuál debería ser el mensaje principal de ese plan en caso de que se implemente?

—Hay que cabalgar sobre las misiones. No puedes abandonar la lógica clientelar de la noche a la mañana. Así como tiene que haber gradualismo en lo económico, tiene que haberlo en este aspecto, pero al mismo tiempo hay que ir modificando los programas. El mensaje no puede ir adelante y la realidad detrás, hay que hacerlo al revés para que sea viable políticamente. Tienes que tener ejemplos demostrativos de que existe un sector de la población que puede acceder a una vivienda, a un vehículo por su propio esfuerzo. Cuando tengas esos ejemplos es que comunicacionalmente lo haces.

Por ejemplo, hay que mantener la Misión Vivienda, respetar los compromisos y ver cómo una nueva política de vivienda cabalga sobre la clientelar. En la medida en que comiences a tener ganadores con tu nueva política social puedes ir desmantelando la populista.

Por supuesto, diría que es necesaria la focalización de las misiones, eliminaría el principio de asignarlas como un favor del Gobierno, ese es un derecho, pero para tenerlo debe haber un estado de necesidad y ese es el criterio de focalización.

Alguien podría decir que esto se va a desmantelar solo porque la hecatombe va a ser tan grande que nadie se va a acordar de estos programas. Pues yo espero que no se olvide porque si se olvida, se olvida lo que hablamos antes. El verdadero legado de Chávez es que convirtió lo que la gente decía que era lo marginal en el centro y la única manera de que podamos reconstruir este país es que el centro sea el pueblo.

—*En este momento pareciera que se marcha a un período de gran conflictividad. Un presidente que pierde popularidad en medio de una elevada escasez e inflación. Empresas que comienzan a cerrar plantas por falta de materia prima, instituciones parcializadas incapaces de dirimir conflictos. ¿Cómo observa el camino de aquí a diciembre y lo que puede suceder en 2016?*

—Por supuesto que el futuro de Venezuela cualquiera que sea el resultado de las elecciones parlamentarias previstas para el 6 de diciembre va a ser un período de ingobernabilidad. Vamos a entrar en una fase de ingobernabilidad muy fuerte que va a depender, y hay que decirlo con tristeza, de los poderes fácticos. El poder fáctico en Venezuela no solamente es el militar, pero es el más importante.

De los poderes fácticos va a depender este proceso de transición. La transición no es que vamos a algo mejor sino que vamos a algo diferente. Le preguntas a cualquier venezolano si cree que el problema del desabastecimiento se va a arreglar y te dice que no. Para que se arregle tienen que pasar cosas diferentes y la única forma de que pasen cosas diferentes es con cambios políticos.

Si nos vamos al principio de esta conversación decíamos que quienes están hoy en el poder están imposibilitados de cambiar. Entonces el cambio político puede que comience el 6 de diciembre, las encuestas hoy dicen que sí.

Supongamos que es verdad lo que dicen las encuestas, que la elección queda 60 % para la oposición y 40 % para los candidatos del Gobierno y con ese resultado la oposición tiene mayoría simple en la Asamblea Nacional. Puede que el Gobierno intente desconocer la asamblea. Eso es inestabilidad, ingobernabilidad.

Y quien decidiría cómo ocurre el cambio de Gobierno, si vamos a elecciones, si se espera a 2019, es el poder fáctico y el poder fáctico lo va a decidir dependiendo del nivel de conflictividad que exista.

—*En su libro* Desiguales entre iguales *señala que Venezuela es un país con fuertes diferencias socioeconómicas que se ampliaron por el empobrecimiento que hubo entre 1989-2000 y el planteamiento polarizado del discurso de Hugo Chávez. ¿Este nuevo ciclo de empobrecimiento que comenzó en 2014 con la caída de la renta petrolera avivará la polarización o Maduro es incapaz de hacerlo porque no tiene el liderazgo de Chávez?*

—Es una tremenda pregunta porque el discurso de sacarle partido político a la desigualdad nunca había ocurrido hasta la llegada de Hugo Chávez, que era visto como el vengador que iba a combatir a los malos para favorecer a los buenos. Para hacer eso se necesita liderazgo y fuerza.

¿Maduro la tiene? No. ¿Va a poder repolarizar al país? No. Diría que ya hay un efecto de crecimiento decreciente, ya lo hiciste una vez, ya se probó la fórmula de la venganza y pienso que ya no da más. En este momento la población percibe que la confrontación genera más problemas que ventajas.

—*¿Entonces deberíamos ir a un proceso de menor polarización aunque la pobreza esté aumentando?*

—Sí, a pesar de que la pobreza y la desigualdad estén aumentando. Una de las cosas que están pasando ahora es que la gente siente que todos están afectados. Hace poco tuve que prestarle dinero al conserje de mi edificio para que comprara unas medicinas. Al poco tiempo le regaló a mi esposa paquetes de Harina Pan, suavizante, arroz. Es decir, él siente que mi esposa también está afectada con la situación. Esa sensación de que nos jodimos todos es algo que va a atenuar la posibilidad de repolarizar al país.

—*Usted afirma que más que un país dividido somos un país desconocido, que perdió los espacios de encuentro social y terminó segmentado, irreconocible uno de otro. ¿Cuáles son estos espacios y qué podría hacerse para dar los primeros pasos a fin de reconstruirlos?*

Me refiero a espacios e instituciones policlasistas como el partido político. Mi papá era inmigrante y simpatizante de Acción Democrática. Asistía a la romería adeca, las actividades del partido y allí interactuaba con los venezolanos, ese era un espacio policlasista.

Otro ámbito policlasista eran la escuela y el liceo, eso de la escuela privada es relativamente «nuevo». Cantidad de gente muy importante en este país del mundo político, artístico, económico estudió en la escuela pública, pero ya no es un espacio de interacción social.

Otro ámbito policlasista era la Iglesia, personas de distintas clases sociales interactuaban en la Semana Santa, ahora esas acciones se segmentaron. Otro espacio era el trabajo, pero en la medida en que el empleo formal fue cediendo espacio también se redujo la posibilidad de que el ingeniero se conecte con el obrero. El trabajo informal implica que el ganarse la vida sea prácticamente una extensión de la familia.

Además la inseguridad se encargó de segmentar las ciudades, los cierres de calle de las urbanizaciones a principios de los 80, allí comenzó la lógica del gueto. La Caracas del este o el Maracaibo del norte versus la del oeste o el sur.

Eso se recupera rescatando las instituciones. Va a pasar mucho tiempo hasta que alguien de la clase media opte por la escuela pública, pero si mi amigo Juan Maragall lograra crear las escuelas de calidad que tiene pensadas en el estado Miranda, allí puede crearse un lugar de encuentro.

Reinstitucionalizando el país, recuperando la escuela, el trabajo, los partidos políticos y las asociaciones civiles, así se abren los espacios de encuentro.

—*Como mencionaba anteriormente, uno de los datos contundentes de la vida social venezolana de los últimos años ha sido la pérdida de institucionalidad que ha llevado a que los individuos dependan en demasía de la familia e indica que nunca como hoy ha sido tan cierto que un hijo de obrero vivirá como obrero, que se requiere crear más escuelas, bibliotecas, salas de cine para que se pueda salir de los límites de la familia. ¿Qué tanto puede hacerse en un país donde el Gobierno está prácticamente quebrado y la empresa privada en crisis?*

—Una de las cosas que hay que hacer es que el Estado le dé espacio a la sociedad, que baje su carga normativa para permitir que la sociedad se organice institucionalmente. No quiero parecerme al Grupo Roraima porque si algo no es el Estado venezolano es omnipotente, es una especie de Mago de Oz supuestamente superpoderoso, pero en realidad muy débil. No significa que el Estado se retire, ya se retiró. De lo que se trata es que no cree trabas para que la sociedad pueda reordenarse.

La única forma de reordenar a Venezuela es que el Estado se concentre en áreas donde no hay incentivos para que entren los demás como la escuela, la seguridad, la infraestructura.

—*En el tema de la educación plantea que hay que abrir la oferta para los jóvenes. Dice que perdimos la oportunidad de reformar la primaria y el bachillerato, ahora hay que enfocarse en la educación profesional. ¿Puede explicar este planteamiento?*

—El segmento etario de la población que más está creciendo comprende las edades de 18 a 25 años. Eso implica que si a ese segmento le sigues ofreciendo como única alternativa el ingreso a la universidad vas a excluir a 6 de cada 10. En los últimos años la oferta de educación superior se ha mantenido dentro de la tradición: las mismas carreras o profesiones aunque probablemente con menos calidad. Hay que diversificar la educación profesional, vincularla con el trabajo y esto es algo que solo puedes hacer de la mano con la empresa.

Un caso específico puede ser el estado Nueva Esparta, la cuarta entidad menos pobre del país, que atrae inmigración: 32 % de los que viven allí no nacieron en Nueva Esparta. También es la entidad donde menos nivel de escolaridad tienen los jóvenes. La asistencia escolar entre quienes tienen 18-25 años es muy baja. Entonces se trata de crear una oferta de educación formal con nuevas oportunidades. Por ejemplo en Margarita se requieren técnicos que reparen aires acondicionados. ¿Las escuelas de ingeniería de la Universidad Central de Venezuela, la Simón Bolívar, la Universidad Católica Andrés Bello, no pueden diseñar un curso para este fin?

Vamos a poner a las universidades a formar jóvenes con una oferta de este tipo y a acreditar a personas que ya estén formadas. También hay que abordar el tema del emprendimiento, hacer de las empresas escuelas, a trabajar se aprende trabajando, entonces que las empresas tengan cursos de adiestramiento con una entidad educativa. Pensar en la educación a través de internet.

Se nos pasó el tiempo para reformar la educación media cuando la presión de la demanda demográfica estaba allí. Que no nos pase lo mismo con los jóvenes que necesitan desarrollar sus capacidades para insertarse de mejor manera en el mercado laboral.

—*Otro aspecto importante en la agenda del país es la infraestructura. ¿No hay allí un déficit que creció enormemente en los últimos quince años y que tiene impacto en la pobreza?*

—¿Cuál es la diferencia entre un barrio y una urbanización? Los servicios. Los servicios llegan antes a la urbanización, en el barrio llegaron después y por eso son más costosos y más ineficientes. Un Estado más que construir viviendas tiene que construir urbanismos. El entorno y las condiciones de los asentamientos son los que revelan la calidad de vida de las familias e influyen en su posibilidad de ascenso social.

Entre 2004-2008 bajó la pobreza por ingresos y hubo un aumento del consumo, es decir, el país estuvo mejor de la puerta para adentro, pero de la puerta para afuera continuaron las mismas o peores escuelas, las insuficiencias de transporte, la inseguridad personal, el caos urbano.

En el tema de la infraestructura hay que considerar que hoy en día no existe un tren rápido que le permita a la nueva generación de caraqueños vivir en Higuerote sin renunciar a las oportunidades que ofrece la capital. Casos similares existen en ciudades importantes como Maracaibo o Barquisimeto. La falta de dotación de infraestructura ha impedido mejorar socialmente a las familias de los años 90 o 2000 a pesar de que recientemente hubo un gran *boom* de ingresos petroleros.

—*Usted indica que en ocho principales ciudades como Caracas, Maracaibo, Valencia, Maracay, Barquisimeto, San Cristóbal, Ciudad Guayana y Puerto La Cruz, que concentran menos de la mitad de la población, se agrupa más de 60 % de las oportunidades de empleo formal. ¿El debilitamiento que ha hecho el chavismo de la descentralización ha impulsado este proceso?*

—Sin duda, el deterioro de la provincia está directamente relacionado con el deterioro de la descentralización. Cuando atacas la descentralización no se recoge la basura, las calles se llenan de huecos, los acueductos no llegan y las cañerías explotan. La población les pide a las alcaldías infraestructura. Cuando existía Fundacomunal, 92 % de los proyectos que solicitaban los consejos comunales eran obras de infraestructura.

Tendría que hacerse un plan de descentralización mucho mejor del que se hizo antes de la llegada del chavismo. Cuando se ve la Ley de Transferencia de Competencias que hizo Gerver Torres eso fue cualquier cosa, habría que decirle a Torres que fue un flojo. La ley dice que los gobernadores y alcaldes pedirán la competencia y el nivel central llevará todo adelante para transferir las competencias.

Eso no es una ley, o es la ley del mercado salvaje. Lo que pasó es que Aragua y Carabobo pidieron todas las competencias y el resto de los estados prácticamente nada porque no tenían cómo hacerlo. Una verdadera ley de transferencia tiene que cuidar las inequidades territoriales.

—*Usted considera que en Venezuela hace falta un modelo de negocio que «atienda la desasistida demanda de bienes y servicios en las pequeñas y medianas ciudades del país». Resalta que en todo el estado Vargas no hay una sala de cine y que Caracas concentra 60 % de la venta de libros. ¿Por qué cree que hasta ahora nadie ha explotado ese nicho?*

—No lo sé pero hace falta atender la desasistida demanda de bienes y servicios que existe en el país que va más allá de las principales ciudades. Existe oportunidad en ese país mediano con capacidad de gasto, con gustos y necesidades similares a las de quienes viven en las grandes ciudades.

Si vemos el tema del entretenimiento, el venezolano tiene

entre sus fantasías que es muy divertido cuando en verdad es bien aburrido. Al béisbol va 3 % de la población, a correr al parque 0,5 %. Los *cyber* en un momento cumplieron una función de distracción, ahora son los teléfonos celulares. En 2005 participé en un trabajo para Verizon y pusimos a antropólogos a vivir con las familias. Se detectó que en la noche la diversión de la familia, aparte de la televisión y las películas, era el teléfono celular.

—*En el ensayo* Desiguales entre iguales *usted aborda el tema de la concepción que tienen los venezolanos de la economía y señala que la mayoría tiene la noción de que la rentabilidad está asociada a la discrecionalidad del empresario que coloca los precios y por tanto la empresa, no importa cuál sea, debe dar ganancia. Y la rentabilidad de la empresa se estima como producto de lo que deja de recibir el trabajador. ¿Esto no hace muy complicada la posibilidad de introducir conceptos como la productividad?*

—Se piensa que la empresa nunca registra pérdidas, eso es solo en las películas. Se hace muy difícil hablar de temas como la productividad. Por ejemplo el argumento principal de los trabajadores al momento de discutir reivindicaciones es que la situación está difícil. Si te sientas en una mesa a discutir contrato colectivo, no ahora que todo está muy distorsionado, pero antes, los trabajadores dicen que debe ser 50 % porque no les alcanza el salario. Así la utilidad haya sido 3 %, la discusión no pasa por este tema porque es muy exigente, implica convertirme en responsable de los resultados.

La idea popular de la riqueza «dada», que no hay que generarla sino que ya existe no solo supone que el resultado a fin de año siempre es positivo, sino que lo que gana el dueño lo pierde el trabajador.

Pero también hay que ver el tema de las empresas, cuando tú ingresas a la página web de una compañía lo usual es encontrar el balance, en Venezuela consigues la cara del presidente de la empresa saludando. Las empresas son muy opacas, la que sea. Cuando le dices a una empresa trasnacional vamos a hablar con los trabajadores en términos de productividad, inmediatamente se cierran. Porque este es un país donde hay tanta inseguridad jurídica que se requiere 45 % de utilidad para que la casa matriz esté contenta.

Se necesita una transparencia que el país no tiene para hablar con los trabajadores sobre qué es lo que se puede aspirar y qué habría que hacer para que aspires a más.

—*En el lado de los empresarios también existe la creencia de que el Estado debe protegerlos con aranceles, darles créditos a bajas tasas de interés, comprarles sus productos sin que importe la calidad. ¿No se trata de una élite atrofiada por la renta petrolera? ¿Muy poco moderna?*

—Esta es un área que hay que trabajarla en dos sentidos: por el lado de los incentivos y el discurso. Moisés Naím por ejemplo te diría que eso fue lo que él y el resto de ministros que tuvo el segundo gobierno de Carlos Andrés Pérez trataron de hacer y estos empresarios rentistas se opusieron. Habría que decir que eso es verdad, pero una de las cosas que deben tomarse en cuenta en un proceso de este tipo es elegir por cuál sector vas a comenzar, iniciar la transformación con las áreas donde hay más oportunidad de adecuarse al cambio. El sector de comunicaciones, obviamente el petrolero, trasnacional. Es algo progresivo, no puedes comenzar por la industria del agro porque la matas.

—*Usted indica que a los venezolanos los une el deseo de progreso, el derecho a la protesta y el sentido de lo democrático. ¿Si es así cómo fue que avanzaron cosas como la hegemonía comunicacional que cerró espacios para la denuncia, un plan socialista que quería menoscabar la propiedad privada y prác-*

ticas que debilitan el voto como maniobras para que no haya representación de las minorías en el Parlamento?

—Las tres cosas hay que analizarlas de acuerdo a los constructos. Por ejemplo, el tema de los medios de comunicación. El cierre de Radio Caracas Televisión fue un golpe que a la mayoría no le parecía positivo, pero ¿eso me quitaba mi libertad de expresión? No. Le quitaba libertad de expresión a los periodistas de ese medio, por eso digo que el consenso no es la libertad de expresión, es el derecho al pataleo, a la protesta.

Después el tema de la propiedad privada, ese es un constructo muy difícil de entender. Para la mayoría de la población sigue habiéndola, señalan que allí están Polar, las compañías de seguros, los bancos privados. Y sobre lo del voto la gente dice que aquí se vota todos los años y que la oposición coloca sus carteles en las calles para hacer campaña electoral. Es un análisis hasta donde el pueblo ve. La gente solo ve hasta donde le alcanza la mirada y considera que todo sigue igual a pesar de que evidentemente este gobierno es mucho más autoritario que los de la democracia civil.

—*Un punto importante en sus planteamientos es el hecho de cómo ha avanzado el orden fáctico en las zonas populares. ¿Qué propondría para evitar que esto continúe expandiéndose?*

—La única forma de reducir los espacios del orden fáctico es con institucionalización. El venezolano solo tiene familia porque está sumergido en el orden fáctico. La única forma de reducir el orden fáctico es que avance el orden normativo, pero el orden normativo no avanza por hacer normas, lo hará si es más eficiente que el orden fáctico.

Hay que establecer prioridades. Lo primero que tiene que ser normativo y no fáctico es el espacio de la violencia.

Luego ir al tema de las cárceles, la policía. Pero en primer lugar recuperar el monopolio de la violencia por parte del Estado. Y que el Estado la ejerza bajo un orden normativo, de esta forma se reduce la impunidad a su mínima expresión.

Cuando en algunas zonas populares la impunidad alcanza cotas de 8 o 9 asesinatos que quedan impunes, el camino está abonado para que todo el resto de la vida social se tramite por vías fácticas, particulares o caóticas.

—*¿En este sentido cómo evalúa los Operativos de Liberación del Pueblo (OLP) que está llevando a cabo el Gobierno, donde cuerpos policiales están ingresando a las zonas populares a poner orden?*

—Las OLP son un orden normativo que prácticamente es tan fáctico como el otro; cuando los organismos policiales del Estado ingresan a las comunidades ya lo hacen viciados. Además los cuerpos policiales entran y salen. La única forma de que la OLP logre reducir el orden fáctico es que el orden normativo se quede allí. Pero entran y salen porque es algo efectista, tiene un objetivo político.

III. La inviabilidad del socialismo rentista
Entrevista a Miguel Ángel Santos

MIGUEL ÁNGEL SANTOS combina el conocimiento académico con un seguimiento constante de la economía venezolana. Investigador del Centro para el Desarrollo de la Escuela Kennedy de Gobierno en la Universidad de Harvard, maestría en Ciencias Económicas y Financieras en la Universitat Pompeu Fabra, maestría en Ciencias Económicas en la Queen Mary University of London, también se ha desempeñado como profesor del Instituto de Estudios Superiores IESA.

Entre sus recientes investigaciones destaca un trabajo elaborado junto a la prestigiosa economista Carmen Reinhart, que demuestra cómo durante el control de cambio de los últimos doce años el país ha sufrido una espectacular fuga de divisas que, entre otros desvaríos, permitió el surgimiento de riquezas instantáneas en pleno socialismo del siglo XXI.

Su visión es más profunda de la que puede tener un economista convencional, de esos que solo observan la decadencia por la que atraviesa Venezuela como un trance más, capaz de solucionarse con devaluación, venta de activos o algunos préstamos. Con agudeza apunta a la inviabilidad del modelo y a la imposibilidad de que la administración de Nicolás

Maduro implemente una reforma capaz de reinsertar al país en la senda de la prosperidad y el desarrollo.

En sus planteamientos figura la cruda realidad de que el petróleo se ha quedado pequeño, ya es incapaz de ser lo que una vez fue y si el país quiere darle un giro permanente a su suerte, deberá discutir a fondo cómo crear nuevas fuentes de riqueza.

* * *

—*Entre 1920-1977, de la mano de la renta petrolera, Venezuela registró crecimiento y baja inflación, de hecho, entre 1950-1978 superó la tasa de expansión del milagro alemán. Luego vino una caída dramática hasta 2004 en la que el submarino logró salir a la superficie esporádicamente para hundirse de nuevo. ¿En su opinión a qué se debió ese quiebre? ¿Existen razones que hacen imposible crear un nuevo ciclo virtuoso de largo aliento con un sistema que tenga como único eje la renta petrolera?*

—La razón por la que se acabó tiene mucho que ver con la naturaleza misma de su origen. La expansión de Venezuela se produjo en el contexto del modelo de sustitución de importaciones, un país que de pronto adquiere una enorme capacidad de demanda a raíz del descubrimiento del petróleo y prácticamente no tiene ninguna industria desarrollada.

El incremento del gasto público alimentó el desarrollo de una base industrial muy significativa para abastecer al mercado local. En ese período 1950-1977 que mencionas, la aceleración del gasto público derivado de la renta petrolera se combina con políticas más proteccionistas. En el contexto de una economía cerrada, eso produjo una aceleración del crecimiento que no tuvo parangón en el mundo. Eventualmente el modelo se agotó porque el mercado venezolano es pequeño. A partir de entonces el crecimiento pasó a depender del aumento de la población y la capacidad de demanda que existía en el país. Hacia finales de los años 70 el crecimiento basado en la sustitución de importaciones ya estaba ordeñado. Desde comienzos de esa época, la productividad de los factores de producción había empezado a caer. Es decir, se invertía capital y se contrataban trabajadores, pero los incrementos de la producción eran menores al crecimiento de estos factores. Toda la estructura se volvió ineficiente.

Paradójicamente, mientras la productividad caía y el modelo de sustitución de importaciones se agotaba, se produjo un *boom* de inversión privada. Eso permite deducir que los retornos a la inversión privada no se derivaban de la productividad, sino de otras fuentes menos ortodoxas dentro del esquema. Asdrúbal Baptista ha documentado muy bien las fuentes de esta contradicción: primero un mercado protegido (monopolios o duopolios garantizados) que permitía obtener beneficios superiores a un esquema donde hubiese habido mayor competencia con productos importados. Segundo un régimen de impuestos muy favorable en relación al resto de los países de América Latina, y finalmente una apreciación cambiaria que permitía adquirir materia prima importada barata y enviar fuera de Venezuela las pingües ganancias de la operación local.

El agotamiento también tuvo como consecuencia que para continuar creciendo las empresas que ya habían satisfecho el mercado local con un producto se movían hacia otro. Eso generó una estructura de producción monopolizada, donde grandes *holdings* eran dueños de varias empresas en diferentes industrias. Es decir, en vez de tener muchas empresas especializadas, con capacidad para competir en el mercado internacional, teníamos un pequeño grupo de empresas que hacían de todo de forma muy ineficiente.

El agotamiento del modelo de sustitución de importaciones no tenía por qué ser una gran tragedia. La mayoría de los países de América Latina, que también crecieron con este modelo y supieron reconocer que había tocado techo, con más o menos crisis, iniciaron la transición hacia un modelo productivo basado en las exportaciones, en la conquista de espacios en el mercado internacional y en la especialización. Las empresas se especializan, los países se diversifican.

Esa es una transición que Venezuela, no solo en aquel entonces sino hasta nuestros días, no ha sido capaz de hacer. Cuando digo Venezuela me refiero no solo al Gobierno, sino al conjunto del país, incluyendo a sus empresarios y trabajadores. Luis Herrera no la quiso abordar, Jaime Lusinchi la demoró y quien intenta hacerla es Carlos Andrés Pérez en su segundo mandato, después de un largo período de deterioro en el ingreso per cápita de los venezolanos. Pérez cosechó algunos éxitos, luego de ajustar la economía consiguió crecer tres años por encima del 7 %, el último de ellos (1992) en medio de dos golpes de Estado. Según han documentado quienes tuvieron responsabilidades administrativas en aquel gobierno, uno de los elementos menos cooperadores, más activamente hostiles, fueron los empresarios privados. La apertura acababa con el esquema tradicional de hacer dinero, los obligaba a competir (de una manera bastante gradual, cabe decir), les exigía que abandonaran su zona de confort. Los esfuerzos de muchos de estos grupos por torpedear al Gobierno y su programa de ajustes ya son conocidos.

En consecuencia, el país nunca ha logrado hacer esa transición, es decir, pasar de una economía con una base mínima de producción local, donde pocos producen varias cosas de forma ineficiente, para adoptar un modelo de producción con empresas más especializadas que le permita al país atraer inversión extranjera y diversificar su base exportadora. La situación ya crítica entre 1978-1998 se ha vuelto ahora peor, porque en estos últimos 15 años esa base mínima productiva que entonces existía, concentrada e ineficiente, ha ido desapareciendo gradualmente.

La participación de la manufactura privada en el producto interno bruto ha caído aproximadamente un tercio, mientras que los sectores que más crecieron durante el *boom* fueron los servicios asociados a importaciones: comercio, banca y seguros, transporte. Al finalizar el *boom*, y con él la posibilidad de seguir importando para consumir lo que no éramos capaces de producir, se ha venido todo abajo como un castillo de naipes. Nuestra capacidad industrial ha sido devastada por la revolución.

—*¿Entonces desde 1978, incluyendo al experimento chavista que de alguna manera intenta revivir ese pasado agotado bajo el espejismo del* boom *petrolero, el país ha venido caminando por una calle ciega?*

—Absolutamente. En términos económicos, el chavismo se asemeja mucho a la segunda parte de lo que hoy se conoce como la Cuarta República. Desde que Hugo Chávez fue elegido en 1999 hasta 2004 siguió una política similar a la de los veinte años anteriores, los cuellos de botella se hicieron evidentes, la popularidad del Gobierno cayó. Los resultados fueron bastante malos, no solo por la crisis política de esos años, también por las inconsistencias del modelo. En este período en que el precio del petróleo no aumentó significativamente –medido como se tiene que medir, en términos reales per cápita–, al chavismo le fue muy mal.

A partir de que los precios del petróleo comienzan a despegar y se produce el *boom* petrolero 2004-2008, el chavismo hace el esfuerzo de revivir la receta de Jaime Lusinchi. Las motivaciones eran distintas, Lusinchi pretendía administrar mejor las divisas, mientras que en el chavismo el mecanismo de control cambiario se implementa con el objetivo de ejercer control político sobre los dueños de los medios de producción.

Los resultados económicos fueron igual de catastróficos, pero el *boom* petrolero y el endeudamiento que lo suplementa a partir de 2006 crearon la ilusión del socialismo viable, del chavismo posible. Lo cierto es que el *boom* petrolero escondió todo el fracaso de la política económica de Chávez.

—*¿Exactamente en qué aspectos nota el modelo lusinchista en la política económica del chavismo?*

—El tipo de cambio múltiple, esto de tener distintos precios para el dólar es algo que el país vivió durante el gobierno de Jaime Lusinchi. La idea de que el Gobierno, a través del control de cambio, es capaz de asignar eficientemente las divisas para asegurarse una distribución adecuada en términos de consumo e inversión. La fe en el control de precios para combatir la inflación, la ilusión de que puedes importar barato, cosas efectistas como el supuesto milagro agrícola de Lusinchi, que Chávez intenta replicar, con resultados similares. La diferencia está en que el fracaso económico de Lusinchi se produjo en un entorno de precios petroleros bajos, mientras que en el caso de Chávez, el *boom* petrolero abrió la posibilidad de un *boom* de consumo, que sustentó la popularidad del Gobierno y por un tiempo escondió, disfrazó, la catástrofe económica subyacente.

—*Junto a las semejanzas con la política económica del lusinchismo también se lleva adelante la idea del socialismo del siglo XXI. ¿Hay diferencias entre este experimento y el que se implantó en el siglo XX?*

—Yo no he sido capaz de distinguir ningún elemento diferencial. Entre el socialismo del siglo XXI y el socialismo normal, el que llevó a la quiebra a todos los países que lo adoptaron, no veo ninguna diferencia. En la época en la que Juan Calos Monedero[1] estaba en Caracas entonando la trompeta del socialismo del siglo XXI, hablando de éxito cuando Venezuela funcionaba gracias a deuda y a petróleo, tuvimos varias conversaciones. Juan Carlos Monedero era una de las pocas personas dentro del chavismo que daba la cara, a quien le gustaba debatir, de forma dogmática, sí, todo lo que se quiera decir, pero siempre estaba dispuesto. Yo le pedí varias veces que me explicara la diferencia entre el socialismo venezolano y el que se hundió en Alemania, donde él había hecho su tesis de doctorado. Todo era una construcción muy etérea, muy dogmática, que rehuía cualquier esfuerzo por la concreción, por hablar de resultados concretos, todo estaba sustentado en anécdotas. Se trataba de lo mismo: las empresas de producción social, las cooperativas donde se perdió y se robó muchísimo dinero, el debilitamiento de los derechos de propiedad, la ola de expropiaciones, los controles, el desabastecimiento, las colas que vinieron después, la propaganda, la negación.

—*¿La caída del precio del petróleo es lo que le corta las alas a la idea de meter a toda la economía en esa estructura de comunas, fundos zamoranos, eliminación de la propiedad privada?*

—El *boom* petrolero llegó a su fin cuando el país estaba ya cerca de esa frontera. Si se hubiese extendido un poco

---

[1] Juan Carlos Monedero es un politólogo español que se desempeñó como asesor del Gobierno venezolano. Milita en las filas del partido Podemos en España.

más, hubiesen completado el proceso, pero no les alcanzó el tiempo. Esa es la mejor prueba de que aquello no servía y que los ingresos provenientes de los altos precios del petróleo permitieron disfrazar el efecto destructor del socialismo del siglo XXI. Se les acabó la gasolina antes de que pudieran completar la transición al comunismo. Hubiese sido muy curioso, una suerte de comunismo rentista.

—*Pero el chavismo también tiene una dosis de La Gran Venezuela que intentó construir Carlos Andrés Pérez en su primer gobierno. El chorro de divisas que ingresa entre 2004 y el tercer trimestre de 2014 por exportaciones petroleras más el endeudamiento arroja una montaña de 816.614 millones de dólares. Esto despertó los reflejos heredados del pasado, disparada del gasto,* boom *de importaciones, subsidios, créditos a bajas tasas de interés, ayudas a otros países, ampliación de la presencia del Estado. ¿En qué se diferencia el proceso de la manera como se manejó el* boom *petrolero en los años 70?*

—Ciertamente con respecto a La Gran Venezuela de Carlos Andrés Pérez hay algunas similitudes: la aceleración del gasto público, las nacionalizaciones. Pero hay diferencias importantes. El momento histórico es distinto, la expansión de los setenta ocurre en un momento en que el capitalismo de Estado era considerado, tanto a nivel de América Latina como del mundo, una alternativa para el desarrollo. Ese había sido el *Zeitgest* desde 1950 en adelante y aún se mantenía vigente. Aun a pesar del inmenso despilfarro, del delirio de La Gran Venezuela quedaron grandes obras públicas de las que el país depende hoy en día. Por el contrario, el chavismo propone y recibe carta blanca para implementar en Venezuela, en pleno siglo XXI, una receta que ya para entonces había fracasado en todos los lugares en donde había sido aplicada. De la bonanza 2005-2012, la más sostenida en la historia de

Venezuela, no queda ninguna obra de infraestructura pública que valga la pena mencionar. Todo lo contrario. No han sido ni siquiera capaces de invertir en el mantenimiento y la adecuación de lo que heredaron.

Otro factor es que desde mi punto de vista en la ola expropiadora del chavismo también interviene una intención política, debilitar al sector privado que se le había enfrentado en la crisis de 2002-2003. Valga decir lo mismo sobre el control de cambio, que se convierte en una herramienta política muy fuerte, punta de lanza para subyugar voluntades, quebrar oposiciones y al mismo tiempo darle origen a una nueva clase empresarial que hace fortunas instantáneas, nuevos ricos hechos de la noche a la mañana, ¡en pleno socialismo!, por cortesía del arreglo cambiario.

A partir de 2004 hay un esquema de debilitamiento progresivo del sector privado y un esquema de omnipresencia del Estado.

—*¿En el chavismo la economía está supeditada a la intención de alcanzar la hegemonía?*

—Es así. En el manejo del *boom* petrolero de los años 70 no existe esta intención; de hecho, Acción Democrática, el partido de Carlos Andrés Pérez, pierde las elecciones en 1978 un año después de que el ingreso per cápita había alcanzado el punto más alto en la historia de Venezuela.

En el caso del chavismo no podemos hablar de economía aislando la intención hegemónica por parte de la persona que ocupa el poder. Toda la política económica, todo el arreglo de la administración pública y el tesoro nacional se supeditan al objetivo de alcanzar la hegemonía.

—*El desmantelamiento institucional permitió que Hugo Chávez administrara el* boom *petrolero sin ningún tipo de control. El Fonden, el Fondo Chino, Fondespa son unos sacos de petrodólares que el Presidente, cual si fuese un monarca, va a manejar a placer sin mayor rendición de cuentas. ¿Cree que esta total libertad que termina propiciando un gran despilfarro de recursos en proyectos que luego no son capaces de exportar y generar un solo dólar, es una causa menor o mayor en la crisis que explota en 2014, cuando el país cae en una severa escasez de divisas?*

—Es una causa mayor. Cuando explota la crisis política de 2002-2003, Hugo Chávez descubre esos 7.000 millones de dólares que habían depositado en lo que se llamó el Fondo de Inversión y Estabilidad Macroeconómica (FIEM). Para hacerles frente a las dificultades políticas del 2002-2004, los sucesos de abril, la huelga general y el referéndum revocatorio presidencial, le fueron sumamente útiles. Desde ese momento se volvió muy importante tener mecanismos de este tipo para sortear cualquier crisis que pudiera reaparecer en el camino. Así, decidió crear una serie de bolsillos que permitieran utilizar los recursos, pero sin ningún tipo de escrutinio público. Entonces aparecen unas figuras que no tienen el elemento del que se benefician los países que cuentan con un fondo de estabilización: la rendición de cuentas, la transparencia, la percepción de mayor estabilidad. Con estos fondos Hugo Chávez crea un mecanismo que fomenta la corrupción, la compra de apoyos, que le permite intervenir en campañas electorales de América Latina; unos fondos donde el gasto fluye de manera discrecional, sin ninguna traba por parte de la Asamblea Nacional.

La última cifra que se conoce señala que por el Fonden habían pasado 170.000 millones de dólares, por el Fondo Chino otros 52.000 millones, sobre los que los venezolanos tienen cero detalle de cómo se han gastado. Con una fracción de todo ese dinero la administración de Nicolás Maduro podría sortear la crisis actual.

—Desde el punto de vista de Jorge Giordani el gran merito del chavismo es haber distribuido la renta petrolera. Concretamente 650.000 millones de dólares en inversión social. ¿Qué opina?

—Inversión es algo que va a producir, creo que lo que él llama inversión es gasto público. Por ejemplo, el aumento de escolaridad y de matrícula que se ha registrado durante los años del chavismo es una inversión social solamente en tanto esa educación le permita a la gente acceder a mejores empleos que impulsen la calidad de vida. Esa transición de los programas educativos chavistas al mercado laboral, a la formalidad y la estabilidad del empleo, a la productividad, no se observa en ningún lado.

Durante el gobierno de Hugo Chávez lo que se hizo fue distribuir de una forma bastante ineficiente la renta petrolera y promover un *boom* de consumo brutal, basado en importaciones. ¿Qué mérito tiene eso? Esa era la opción más ineficiente, lo que hubiesen hecho los más incompetentes con una bonanza prolongada en los precios del petróleo.

El verdadero mérito en la administración del *boom* petrolero hubiese estado en que la población pobre tuviese en este momento herramientas, capacidades de generar recursos propios a través del empleo productivo y mantener la calidad de vida a pesar del declive de los precios del barril. Hubiese tenido algún mérito renovar la infraestructura vial del país, aumentar nuestra capacidad generadora de energía, modernizar la administración de justicia; en pocas palabras, hacer más eficiente la provisión de bienes públicos que hacen posible la inversión privada, el conocimiento y la tecnología, el desarrollo. Nada de eso ocurrió. Francamente no le encuentro ningún mérito económico a su argumentación.

—Desde 2003 los gobiernos de Hugo Chávez y Nicolás Maduro impiden la libre compra de divisas y mantienen el

control de cambio bajo el argumento de que, como explicaba el mismo Chávez: «La oligarquía venezolana se lleva los dólares para colocarlos en los bancos del mundo». No obstante una investigación que usted realizó con Carmen Reinhart, From Financial Repression to External Distress: The Case of Venezuela[2], *demuestra que en los períodos de control el país sufre una mayor salida de divisas que cuando hay libertad cambiaria. ¿Podría explicar cómo llegó a esta conclusión?*

—En economía existe una literatura extensa sobre la fuga de capitales. La gente piensa que es imposible medir cada transacción, cada persona o empresa que saca dólares del país, pero hay maneras de aproximar esa cifra con relativa precisión. Se trata de calcular en cuánto habrían terminado nuestras reservas internacionales si no hubiese ocurrido la fuga de capitales y restarla de la cifra de reservas internacionales con que efectivamente cerramos cada año. Básicamente, al saldo inicial de reservas se le suman todos los ingresos en dólares, exportaciones, endeudamiento, inversión extranjera y servicios, y se le restan todos los egresos en dólares, importaciones y pagos por vencimiento de deuda. Sin fuga de capital, ese debería ser el saldo final de reservas. La diferencia entre esa cifra y la efectivamente registrada, es la salida de capital. Como la contabilidad de doble entrada es mágica, esa cifra coincide exactamente con lo que en la balanza de pagos se registra como acumulación de activos privados en el exterior, más errores y omisiones.

Así calculamos la fuga de capitales en dólares para todos los años desde 1983 hasta 2013, y la ajustamos por inflación para hacer las magnitudes comparables a lo largo del período.

---

2   *From Financial Repression to External Distress: The Case of Venezuela,* Carmen M. Reinhart, Miguel Ángel Santos, NBER Working Paper No. 21333, Issued in July 2015.

Además, establecimos otros tres criterios para contrastar los períodos de control de cambio con los de libre mercado, que son la fuga de capitales como porcentaje de las exportaciones, como porcentaje del producto interno bruto (PIB), calculado al tipo de cambio oficial y al tipo de cambio paralelo.

De este ejercicio inicial resultan unas cifras francamente impresionantes. La fuga de capital en el período 1983-2013 representa anualmente entre 4,7 % y 7,1 % de nuestro producto interno bruto (medido a tasa oficial y paralela, respectivamente), además de 17 % de nuestras exportaciones. Pero lo más sorprendente es que aun esta definición restringida de fuga de capitales no es estadísticamente diferente en períodos de control de cambio o sin él. Más aún, por uno de nuestros criterios, como porcentaje del PIB a tasa paralela promedio, resultó ser mayor en períodos de control de cambio. Estos son hechos incontrovertibles, calculados con base en cifras oficiales publicadas por el Banco Central de Venezuela.

Luego hicimos un segundo cálculo que mide el tema de la sobrefacturación de importaciones. En el método anterior consideras que todo lo que las empresas declaran como importación, efectivamente ocurrió. Pero sabemos bien que el control de cambio estimula la sobrefacturación, es decir, empresas que importan cosas que valen 10 dólares y de alguna forma (consiguen una factura ficticia, crean una compañía intermedia o hacen alguna otra trampa) reportan que costó 20 dólares. En ese caso, la importación efectiva es 10 dólares, los otros 10 son fuga de capital vía sobrefacturación de importaciones.

Para determinar la sobrefacturación contrastamos el monto anual de las importaciones que reporta el Banco Central en la balanza de pagos con la suma de las importaciones declaradas en los puertos del país, un dato que reportan las estadísticas de comercio de las Naciones Unidas (UNcomtrade). Para todos los años hay una diferencia, pero esa diferencia es sistemáticamente mayor en los años en que hay control de cambio. Hay una significación estadística altísima para los años en que pudimos hacer la investigación, 1983-2011, porque el dato más reciente de UNcomtrade es hasta 2011.

Concretamente se determina que la sobrefacturación en los años de control de cambio, en promedio, equivale a 15 % de las importaciones totales, entre 2,5 % y 4,3 % del PIB, 10 % de las exportaciones y a 4.600 millones de dólares anuales. En todos estos criterios, el promedio de la sobrefacturación de importaciones en períodos de control de cambio, medida de esta forma, supera ampliamente a los años de libre cambio. Luego pusimos el «error venezolano» en el contexto de ese mismo error a nivel mundial y nos da que las diferencias que se registran en períodos de control de cambio entre las importaciones reportadas por el BCV y la suma de las reportadas en los puntos de entrada, supera también ampliamente el promedio mundial del error.

Al añadir el indicador de la sobrefacturación de importaciones a la fuga de capitales estimada en la forma tradicional, nos da que esta medida ampliada de fuga de capitales es mayor en períodos de control de cambio, ya sea medida como porcentaje del PIB a tasa paralela (12 % versus 7 % en períodos de libre cambio) o en dólares constantes (14.000 millones anuales versus 8.500 millones en periodos de libre cambio). En los demás criterios no existen diferencias significativas.

La conclusión del estudio es que contabilizando la sobrefacturación de importaciones no hay un solo indicador por el cual la fuga de capitales sea menor en períodos de control, por el contrario, hay dos de cuatro indicadores que indican que es mayor. Tómese en cuenta que esto dio así utilizando una definición de sobrefacturación de importaciones bastante conservadora, es decir, una que solo incluye la que ocurre «dentro del país». En nuestra opinión ese es apenas el piso de la sobrefacturación, luego está la que se produce en el país de origen (conseguir facturas falsas de proveedores o crear proveedores falsos), pero esas ya son bastante más difíciles de medir.

—*Según esta investigación entre 2003 y 2013 al añadir la sobrefacturación de importaciones, que solo está disponible hasta 2011, la fuga de divisas se ubicó en 205.000 millones de dólares, una cifra escalofriante que supera en 119 % las exportaciones petroleras de 2012, cuando el barril batió récord y la cesta petrolera venezolana se cotizó en un promedio de 103 dólares.*

—Te digo más. Yo he investigado un poco sobre las importaciones anuales de alimentos de Venezuela, obtuve datos de expertos como Carlos Machado Allison y la Cámara Venezolana de la Industria de Alimentos (Cavidea), existe cierto consenso en que se trata de 10.000 millones de dólares al año. Pues bien, entre 2003-2013 la salida de capitales, propiciada por el control de cambio, equivale a 20 años de importaciones de alimentos.

—*¿Aparte de la sobrefacturación de importaciones, cómo se produce esa fuga de divisas en medio del control de cambio administrado por la Comisión de Administración de Divisas (Cadivi)?*

—Es una buena pregunta, no tengo toda la respuesta. Entre 2003-2009 el Gobierno vendió una gran cantidad de bonos en dólares que las empresas y los particulares compraban con bolívares. Luego revendían el bono en el exterior y obtenían las divisas. Una proporción de la salida de divisas y los depósitos en dólares que hoy tienen empresas y particulares en el exterior se explica por este mecanismo, es una suerte de fuga de capitales patrocinada por la revolución. No obstante, también es cierto que desde hace varios años no hay emisión de bonos en divisas y la fuga de capitales sigue siendo importante. El segundo mecanismo claro, que sí hemos identificado aquí, es la sobrefacturación de importaciones. Estos son mecanismos relativamente elaborados, requieren de cierto trabajo. Puede haber otros más difíciles de conocer, bastante más vulgares, por decirlo así.

—Esta investigación también aborda el tema de cómo se conecta la fuga de capitales con la inflación y el esquema de tasas de interés. ¿Podría explicar esto?

—La fuga de capitales está asociada a la represión financiera, que desde mi punto de vista es fundamental para comprender lo que ha pasado con la economía venezolana. Básicamente, se trata de que durante los períodos de control de cambio, cuando es imposible comprar dólares libremente, el Gobierno les vende a los bancos bonos que reportan un rendimiento mucho más bajo que la inflación. Por ejemplo, el Fondo Monetario Internacional dice que la tasa de interés promedio que paga el Gobierno al sistema financiero por los bonos en bolívares que ha estado colocando está entre 13 % y 15 %, en 2014 la inflación fue de 68,5 %. Es decir, el Gobierno les cancela a los bancos con unos bolívares que tienen un poder de compra mucho menor a los que recibió.

Por supuesto, los bancos trasladan esta pérdida a los ahorristas, pagándoles unas tasas de interés miserables, que no compensan la inflación y se traducen en que los ahorros colocados en el sistema financiero continuamente pierden capacidad de compra. Es una suerte de impuesto al ahorro, que predominó durante los períodos de control de Luis Herrera, Jaime Lusinchi y Rafael Caldera, y ha perfeccionado la revolución. El economista Luis Zambrano Sequín, por cierto, ha investigado qué porcentaje de las utilidades de los bancos provienen de la represión financiera que ellos a su vez imponen sobre los ahorristas. Esa pérdida es lo que impulsa la fuga de capitales; independientemente de las penalidades, de las amenazas y de la cantidad de gente presa que tú pongas durante períodos de control, nadie está dispuesto a ver esfumarse sus ahorros, el fruto de su trabajo, a verlo confiscado de esa forma. Ese básicamente es el resultado de nuestra investigación.

—*¿Si no logras controlar la inflación y tener tasas de interés que compensen adecuadamente a los ahorristas, es imposible mantener unas finanzas saludables, siempre vas a sufrir una elevada fuga de divisas?*

—Es así. Esta investigación indica que no hay manera de cuadrar las cuentas externas de Venezuela si no pones orden en la economía interna, porque las salidas de capital deterioran el saldo de nuestras cuentas externas. Muchos hacen análisis de sostenibilidad de deuda externa venezolana de forma independiente de la situación interna. «El balance en dólares es aparte». Nuestra investigación demuestra que no se pueden desvincular los desequilibrios y la fuerte represión de la economía interna de sus cuentas externas. Eventualmente, el país tiene que llegar a una situación en donde se les pague a los ahorristas tasas de interés por encima de la inflación. Para esto es necesaria una inflación baja, algo que solo se logra con una serie de condiciones, como una política monetaria responsable, un Banco Central independiente, no un lacayo del Gobierno que viva imprimiéndole dinero para financiar todos sus excesos.

Esas son las condiciones mínimas para reducir la fuga de capitales y hacer nuestras cuentas externas más sostenibles. De hecho, Venezuela tiene todas las condiciones y posibilidades de revertir la fuga de capital y convertirse en un receptor neto de inversión extranjera.

—*También ha señalado que esta investigación determina aspectos relevantes sobre la manera en que se financia el Gobierno, aparte de la represión financiera.*

—Aparte de la represión financiera, nosotros medimos lo que técnicamente se conoce como señoreaje, es decir, cuánto obtiene el Gobierno por el dinero que emite el Banco Central cada año para financiar gasto público y lo que en la literatura económica se conoce como *the inflation surprise* (inflación sorpresiva). Este último concepto tiene que ver con la capacidad del Gobierno para generar inflación por encima de lo esperado por el público y muy particularmente los tenedores de bonos. Al igual que con la represión financiera, también el señoreaje y la recaudación por inflación sorpresiva son significativamente mayores en épocas de control de cambio.

Lo interesante de todo esto es que al sumar la represión financiera, el señoreaje y la sorpresa de inflación surge una cifra que en promedio durante los años que hay control de cambio equivale a 6,3 % del PIB, en contraste con 2,8 % cuando no hay control de cambio. Es decir, entre 1983-2013 se ha estado financiando una cantidad muy significativa de gasto público de una manera nada ortodoxa.

Y te digo más, ese es el promedio de todos los años en que ha habido control, pero si colocamos la lupa sobre 2013 tenemos que el Estado venezolano levantó 2,9 % del PIB a través de la inflación sorpresiva, 4,7 % del PIB a través de represión financiera y 10,2 % del PIB a través de impresión de dinero, un total de 17,8 % del PIB. Este es el gran problema de ajustar la economía venezolana. Si quitas la represión financiera y les pagas unas tasas de interés apropiadas a los ahorristas o dejas de emitir dinero, tendrías que hacer una reducción gigantesca en el gasto público. Habrá que buscar un mecanismo más gradual, para lo cual es fundamental la credibilidad en las instituciones que llevan a cabo el programa, así como también de los responsables de la política económica.

—*Cadivi ha sido uno de los mayores desaguaderos en la historia de Venezuela. ¿Pero es determinante para explicar la sequía de divisas que padece el país desde 2014 y que se manifiesta en un severo recorte de los dólares asignados al sector privado al punto de que Polar ha tenido que paralizar plantas porque no puede importar materia prima e insumos para producir?*

—Claro que es un factor importante. Estamos hablando de que cada año se produce una fuga de divisas por el orden de 10.000 millones de dólares; pero este factor no explica por sí solo la precariedad de Venezuela.

En el fondo, la causa es que el Gobierno aplicó un conjunto de medidas como controles de precios, control de cambio y tasas de interés, expropiaciones masivas, que impactaron negativamente a un aparato productivo que, si bien no exportaba en términos significativos, suplía una parte muy importante del mercado interno. En un país normal esto hubiera causado empobrecimiento y descenso del consumo, pero esto no se produjo gracias a que el *boom* petrolero y el endeudamiento permitieron un significativo incremento de las importaciones.

Con el chavismo Venezuela aumentó las importaciones desde 17.000 millones de dólares en 2004 a nada menos que 59.000 millones en 2012, un crecimiento de 250 % que equivale a 15 % anual. Esta inundación de importaciones creó la ilusión del socialismo posible, de que las políticas que habían fracasado en todas las latitudes donde fueron implementadas aquí sí darían resultado, porque se habían hecho algunas modificaciones, el «socialismo del siglo XXI». Era el mismo socialismo del XX y del XIX, pero acompañado de un colosal *boom* de consumo, basado en un aumento similar de los precios petroleros, y del endeudamiento externo de la república.

Un dato muy interesante es que de realizar 20 % de las importaciones el Gobierno pasó a hacer prácticamente la mitad. En 2012 el exministro de Planificación, Jorge Giordani, mandó a elaborar un estudio al que tuve acceso, según el cual la sobrefacturación de importaciones que hacían los organismos del sector público superaba ampliamente las del sector privado.

A este incremento de las importaciones hay que añadirle que el Gobierno se endeudó de una manera irresponsable y ahora el país tiene que pagar unos montos muy significativos por el vencimiento de esta deuda. Venezuela multiplicó por cinco su deuda externa entre 2006 y 2012; pasamos de tener una percepción de riesgo país inferior a 2 % en 2006 a más de 28 % en nuestros días.

Lo normal es que los países emitan nuevos bonos para pagar los que se vencen, pero como el Gobierno realizó un manejo caótico de la economía, si el país emite un bono en este momento tendría que hacerlo a una tasa de interés altísima, en torno a 28 %. Esto es porque la percepción de riesgo de los inversionistas es enorme en virtud de que Venezuela no ha diversificado su capacidad exportadora y sigue dependiendo en alto grado del petróleo, que provee 96 de cada 100 dólares que le ingresan, multiplicó las importaciones, quintuplicó la deuda externa y para colmo de males ha dejado de publicar cifras oficiales como el PIB y la inflación. No se dan cuenta de que en economía no hay peor cosa que la que uno se imagina. En este contexto obviamente todo estaba dispuesto para que una caída de los precios del petróleo desencadenara una crisis profunda.

—Ha señalado que al gobierno de Nicolás Maduro le sería imposible e incluso muy poco conveniente levantar el control de cambio porque correría con los costos, sin ninguna oportunidad de recoger los beneficios. ¿Entonces con esta administración es imposible salir exitosamente del control?

—Cuando levantas el control de cambio propicias una serie de ajustes que tienen impactos negativos. El dólar pasa a tener un solo valor que tendría que estar muy por encima de las tasas que hay actualmente de 6,30 bolívares y 12 bolívares. Evidentemente esto implica que el precio de todos los productos que estabas importando a estas tasas se incrementa. Sería una devaluación significativa que tendría impactos en el poder adquisitivo de los venezolanos y le exigiría al Gobierno malabarismos fiscales para implementar programas sociales compensatorios.

A esto se agrega el costo político, no quiero decir aquí el de capital político, sino el de la economía política que sostiene a la administración de Maduro. Con el control de cambio favoreces a unos grupos económicos que se benefician de recibir dólares a un precio preferencial y realizan ganancias de miles por ciento de la noche a la mañana. Al eliminar el control el Gobierno pierde esta facultad, ya no puede favorecer a grupos cuyo apoyo le resulta imprescindible para mantenerse en el poder.

Creo que eso está detrás de lo que dijo el gobernador de Anzoátegui, Aristóbulo Istúriz: «Si levantamos el control de cambio nos tumban». No es que quienes están en la oposición van a tumbar al Gobierno, sino que quienes hoy se están beneficiando de recibir divisas para supuestamente importar alimentos y medicinas perderían sus privilegios y se convertirían en los primeros opositores a Nicolás Maduro, o simplemente lo dejarían caer.

Ahora bien, levantar el control de cambio también trae sus beneficios. Una vez que lo levantas liberas muchas fuerzas creadoras, resuelves ineficiencias en la asignación de recursos y empiezan a aflorar oportunidades de inversión, se abre la posibilidad efectiva de comenzar a sustituir por producción local importaciones que se nos hacen impagables. Además se generaría mayor confianza y disminuiría la corrupción al desaparecer los incentivos para sobrefacturar importaciones. Es decir, bajo el marco de políticas correcto puedes dar inicio a la reindustrialización de Venezuela. Además, el Gobierno recibiría más bolívares por los dólares que le vende al sector privado y esto disminuiría el desajuste en las cuentas públicas.

Nombro este beneficio de último porque en realidad solo ocurre en un contexto estático, es decir, si no aumenta la inversión y la productividad, si la economía no crece, sin mayor eficiencia en la recaudación de impuestos, sin controlar la inflación, al año siguiente habría que devaluar nuevamente. Repetir que la devaluación por sí sola corrige las cuentas fiscales es un espejismo peligroso, que solo ocurre en los cuadernos y las hojitas de Excel de algunos economistas, en un contexto estático. La transformación que Venezuela requiere es mucho más profunda que eso.

Una condición fundamental para una transición exitosa es conseguir el beneficio de la duda de los inversionistas, tanto de capital fijo como de los mercados financieros internacionales. Sin eso, las posibilidades de cosechar los beneficios del levantamiento del control son inexistentes.

—*¿No se presentarían estos beneficios porque el sector privado, nacional e internacional, no tendría confianza en un* *ajuste aplicado por un gobierno que se ha declarado enemigo del mercado?*

—Exactamente. Básicamente todo lo bueno que se deriva de levantar el control de cambio se origina por el beneficio de la duda que te da el sector privado, la credibilidad que tenga el Gobierno que lo elimina. Si no tienes credibilidad, es muy complicado porque cualquier medida que vayas a tomar representa ceder control. Si liberas el control de cambio les cedes el control de la tasa de cambio a los inversionistas y a los actores del mercado para que según sus expectativas ellos fijen la tasa de cambio con alguna influencia del Banco Central. Cuando cedes control y nadie confía en ti, las posibilidades de que resulte son mínimas. Entonces, si lo sabes de antemano, no lo haces. Esa es la calle ciega en la que nos ha metido el Gobierno. Si Nicolás Maduro levantara mañana el control la interpretación sería que lo está haciendo por necesidad y no por convicción, ya es muy tarde para reinventarse, para proclamar una fe en los mercados y el sistema de precios de la que ellos han renegado repetidamente.

—*¿Solo podría hacerlo un nuevo gobierno, una administración de transición?*

—Efectivamente. Si esto lo hace una administración de transición no tengo ninguna duda de que Venezuela se recuperaría muy rápido, muy aceleradamente, porque el país podría beneficiarse de múltiples cosas al mismo tiempo: de un *boom* de inversión directa derivado de un cambio real en las expectativas; de las condiciones ventajosas que crea para la producción y la industria local la depreciación acelerada que ha sufrido el bolívar; además de que nos abriría la posibilidad de renegociar la deuda de manera voluntaria, en condiciones mucho más favorables.

No veo a la administración de Nicolás Maduro haciendo un ajuste en la política económica, porque no creen en eso; y si no lo creen difícilmente lo pueden llevar a cabo y más difícil aún que puedan cosechar sus beneficios. Aun si decidieran hacerlo por necesidad es muy difícil que logren generar el elemento credibilidad, vital para que un proceso de ajuste como el que necesita Venezuela pueda dar resultado.

—*El 5 de septiembre de 2014 usted publicó junto a Ricardo Hausmann un polémico artículo que impactó el precio de los bonos venezolanos ¿Hará* default *Venezuela? Podría resumirse en que el gobierno de Maduro, a fin de mantener los pagos de deuda externa, había recortado drásticamente las importaciones generando una gran escasez. Tomando en cuenta que las reservas internacionales líquidas están en niveles históricamente bajos, que el petróleo no pareciera que va a rebotar y que ya se liquidaron activos, ¿el país marcha hacia un* default? *En 2016 la república tendrá que cancelar 10.300 millones de dólares por vencimientos de deuda externa y en 2017 otros 10.500 millones.*

—No me cabe ninguna duda de que si el precio del petróleo no se recupera Venezuela va directo al *default*, lamentablemente. No lo digo yo únicamente. Hay bancos que aseguran a los inversionistas sobre la posibilidad de que Venezuela no pague su deuda y cuando observas lo que está costando asegurar los vencimientos de 2016 y 2017 te das cuenta de que la probabilidad implícita de *default* es de 80 % para 2016 y de 93 % para 2017. Es como que vayas a asegurar un carro y la prima del seguro sea muy similar al valor del carro, o más próximo a la realidad, como si acudieras al taller de peritos para asegurar un carro chocado.

—*El Gobierno vendió la participación accionaria de Venezuela en la refinería Chalmette y se ha mencionado continuamente que evalúa desprenderse de Citgo. Usted ha señalado que*

liquidar activos para pagar sería generarle un daño patrimonial
a la república. ¿No tiene lógica vender algunas cosas para obte-
ner dinero y cancelar la deuda a tiempo?

—Hay analistas de bancos internacionales que señalan que vender activos en estas circunstancias es una estrategia «bastante común» y «razonable». Quizás tienen razón, porque analizan la situación como banca de inversión, desde el punto de vista de los tenedores de bonos. Yo lo veo desde el punto de vista de lo que le conviene a la nación. Venezuela sufre una colosal crisis de liquidez de divisas que, en vista del cierre efectivo de los mercados internacionales, prácticamente obliga a escoger entre recortar las importaciones hasta niveles no vistos en los últimos quince años, cuando la población era mucho menor y contábamos con un aparato industrial que producía mucho más que ahora, o pagar la deuda.

Vender activos para cubrir la enorme brecha sería insuficiente, pero además cualquier persona así no conozca nada de economía sabe lo que ocurre cuando alguien sale a vender algo en una situación desesperada. Los potenciales compradores tendrían en mente que la alternativa del país para obtener efectivo sería financiarse emitiendo bonos con una tasa de interés de 28 % y nos aplicarían un descuento bárbaro. Sería la expresión más pura de daños al patrimonio nacional. Sin un cambio de rumbo, sin política económica y sin credibilidad, con la economía dando tumbos, no tiene sentido salir a vender activos, pues nuestro desespero y urgencia es algo que no se les escapa a los potenciales compradores.

Que el gobierno de Maduro vea cómo resuelve el problema económico en que nos ha metido y si no tiene idea de cómo resolverlo que renuncie. Pero salir a liquidar los activos de la nación para seguir en lo mismo no es una opción «razonable».

—*De acuerdo con el informe del Consejo Mundial del Oro (World Gold Council), el 68 % de las reservas internacionales de Venezuela son barras de oro. El Gobierno ya vendió una pequeña parte para obtener dólares en efectivo. ¿Qué opina de la posibilidad de que continúe con esta estrategia?*

—También estoy en contra de que Venezuela venda el oro para salir de este atolladero. Venezuela no tiene ninguna razón de fondo para estar pasando por esta situación, como no sea la insistencia en una receta económica fracasada, solo para perpetuar en el poder a una élite política que ha perdido todo contacto con los problemas de la gente. Hay algunos analistas que piensan que el asunto del oro es un tema de portafolio, como si Venezuela fuera Suiza y esto fuese un tema de rebalancear el portafolio. No, Venezuela es lo que es, tiene un gobierno que ha dilapidado la riqueza y los activos de la nación, y si no ha dispuesto aún del oro es porque representa una complicación logística: la gran mayoría de los lingotes está en la sede del Banco Central de Venezuela, en la avenida Urdaneta de Caracas, sacarlo de allí para rematarlo representa el reconocimiento último de la ruina de la nación, además de reversar la operación «soberana» que montó Chávez con motivo de la repatriación del oro. Yo no estoy a favor, me parece una sirvergüenzura salir a vender el oro argumentando que se trata de un tema de portafolio, no estamos hablando del Banco de Inglaterra decidiendo cómo ubicar la distribución de activos en su portafolio de reservas internacionales. Estamos hablando de una élite política que ha dilapidado la bonanza petrolera más prolongada de nuestra historia y ahora quiere liquidar también nuestro *stock* de activos.

—*¿Liquidar esos activos manteniendo una inconsistencia de fondo en el modelo económico es absolutamente inviable, porque en el mediano plazo podrías encontrarte en una situación*

igual o peor, pero sin los activos para hacer un manejo gradual
del ajuste?

—Exactamente. Como ya dije antes, la administración de Nicolás Maduro no tiene cómo hacer un ajuste creíble y por tanto siempre va a tener que salir a vender los activos a un descuento brutal.

Algo que está impidiendo que el Gobierno disponga de los activos del país con total libertad y los remate es que, a raíz de la ola de expropiaciones que hizo Hugo Chávez, existe una gran cantidad de demandas contra Venezuela en tribunales internacionales. Esas empresas que nos han demandado están bloqueando la venta de los activos porque en caso de que haya un fallo adverso para Venezuela y no se les pague, tendrían algo que embargar.

Irónicamente, eso está ayudando a detener o entorpecer algunas de esas liquidaciones; está evitando que el Gobierno disponga libremente de los activos de la república, sin hacer ningún tipo de ajuste en la economía, sin tener ninguna intención ni capacidad de cambiar el rumbo. En el caso de una transición política, una nueva administración no tendrá dificultades en lidiar con nuestros acreedores, renegociar las condiciones de la deuda o revertir las expropiaciones cuando no supongan una pérdida de la mayoría accionaria, y convencerlos de que se queden en Venezuela y vuelvan a invertir nuevamente, generar empleo y riqueza.

—¿Y no sería posible un refinanciamiento de la deuda?

—Actualmente tenemos unos bonos que van a vencerse pronto, con cupones de intereses de 5 % y 5,7 % al año. Por la desconfianza que ha generado el manejo de la política económica, si el país emite nuevos bonos para obtener dinero y pagar los que están por vencerse, tendría que colocar los nuevos títulos a unas tasas equivalentes a 28 %. Yo no estoy a favor de que Venezuela emita deuda a 28 % para pagar deuda con cupones entre 5 % y 5,7 %, sin ningún cambio de fondo en la política económica y en la clase política que nos trajo a esta crisis. Una renegociación en esas condiciones es una receta para la ruina.

—*¿Habría que hacer un cambio de fondo en la política económica, esperar a que se recupere la confianza y los inversionistas estén dispuestos a comprarnos nuevos bonos a una tasa mucho más razonable para entonces hacer el refinanciamiento?*

—Por supuesto, y a un gobierno de transición, con una política creíble y gente que inspire confianza al frente de la política económica, esa renegociación le sería muy favorable. Venezuela tiene una percepción de riesgo que es cuatro veces la de Nigeria y el doble de la que tienen países que en teoría nos resultan afines en términos ideológicos como Ecuador, algo absurdo, solo explicable por el desastre actual. Con un gobierno que genere credibilidad, restablezca la publicación de las estadísticas económicas, implemente una política económica creíble, orientada a transitar gradualmente del socialismo a una economía de mercado, que levante el control de cambio, el riesgo país caería de una manera importante y entonces la república podría llevar adelante una renegociación voluntaria de la deuda.

Al que se le vencen los bonos le ofreces unos nuevos papeles a mayor plazo. Si no acepta, se emiten papeles a una tasa mucho menor a la que le exigen a Maduro y compañía, para pagarle. Este proceso no solo es posible, sino además es perfectamente normal: la mayoría de los países de América Latina han controlado la inflación, reducido la pobreza, crecido a tasas mayores que nosotros y de forma mucho más saludable. Nosotros somos la excepción, los únicos que hemos sido capaces de reproducir la miseria, el desabastecimiento, la inflación y la deuda en medio de la bonanza petrolera más larga de nuestra historia.

—¿*Cuál sería el impacto de que el gobierno de Maduro deje de pagar la deuda?*

—Cuando un país no cumple sus compromisos de deuda sufre dos grandes consecuencias: una es una pérdida en su reputación, la otra es que te dejan de prestar. Irónicamente, el régimen de Venezuela, sin haber dejado de pagar, ya ha sufrido ambas consecuencias. Tiene una pésima reputación y para todo efecto práctico una tasa de 28 % representa el cierre efectivo de los mercados internacionales.

Luego está el tema de que los afectados podrían tratar de embargar envíos de petróleo; allí es donde la letra pequeña de los contratos de deuda se vuelve interesante. Los expertos en materia legal dicen que si el gobierno deja de cancelar los bonos que emitió la república sería muy difícil que los afectados por el *default* puedan embargar un barco de Pdvsa. El problema que tiene el régimen que gobierna Venezuela es que dos tercios de los bonos que están por vencerse en lo que resta de 2015, 2016 y 2017 son de Pdvsa. Esto nos lleva a otra consideración. En teoría desde el momento que te declaras en *default* hasta que se dicta una orden que permite a una autoridad internacional detener un buque petrolero podrían transcurrir no menos de 18 meses. Desde mi punto de vista, en las circunstancias actuales 18 meses para Nicolás Maduro equivalen al largo, larguísimo plazo.

Siendo así, no descartaría que se planteen hacer *default* y ver si transcurridos 18 meses pueden reparar el daño. Sería una locura, pero estamos hablando de una administración que tiene un tipo de cambio oficial a 6,30 bolívares, otro a 200 bolívares y un dólar en el mercado paralelo a más de 700 bolívares, que financia más de 10 % de déficit imprimiendo dinero, provocando una inflación superior a 200 %, con cierta tendencia a la hiperinflación. A partir de allí ya cualquier cosa es posible.

—*Entonces la elección final será entre el* default, *continuar con el recorte de importaciones, o que China aparezca como el gran salvador y sea la fuente de financiamiento para poder suavizar esa iliquidez de divisas. ¿Qué opina de esta última posibilidad?*

—No creo que China se convierta en la fuente de financiamiento para solucionar el problema de divisas. Te voy a contar dos anécdotas. Durante la campaña electoral de 2012 al grupo de política económica de Henrique Capriles se nos acercó un abogado que dijo ser el representante de los chinos en el país. Explicó que estaban muy preocupados con lo que había venido pasando con el Fondo Chino y el uso que estaba haciendo Venezuela con el dinero que tenía depositado en el Banco de Desarrollo de China. Aparentemente, Venezuela había girado desde esa cuenta en el Banco de Desarrollo de China para hacer compras de armamentos, algo que había terminado por disparar todas las alarmas.

Básicamente nos transmitió que los chinos querían saber, mediante este acercamiento informal, si en caso de una transición el nuevo gobierno estaría dispuesto a continuar haciendo negocios con China. Algo similar ha ocurrido recientemente, en el marco de los encuentros de la Internacional Socialista.

Nuestra posición en ese momento fue muy clara y creo que es la que tiene que ser ahora: ¿nosotros queríamos venderle petróleo a China? Claro que sí. ¿Nosotros queríamos tener la posibilidad de importar bienes de China? Claro que sí. ¿Nosotros queríamos que el Banco de Desarrollo de China nos diera préstamos a tasas preferenciales para financiar proyectos de desarrollo? Por supuesto. Lo que nosotros no queríamos es meter esas tres cosas y quién sabe cuántas otras en un combo, que se administre completamente a espaldas de la Asamblea Nacional y de la nación, y sobre el cual no exista ningún tipo de mecanismo de rendición de cuentas.

La segunda anécdota es más reciente, del viaje de Nicolás Maduro a comienzos de 2015 a China. Allí la delegación venezolana le ofreció a China venderle todo el complejo de Guayana, a lo que –según entiendo– los chinos replicaron: «Bueno, siéntense ahí porque hicimos una cosa que se llama *due diligence*». Es un estudio detallado de todas las empresas de Guayana: situación de caja, exceso de mano de obra laboral, pérdidas crónicas, huelgas, asesinatos de sindicalistas, el hecho de que si esas empresas exportan le tienen que vender los dólares al Banco Central a tasa oficial. Los chinos habían preparado una radiografía de cada una de las empresas del complejo.

La delegación de Venezuela les ofreció crear un enclave en Guayana, en condiciones diferentes a las del resto del país. Los chinos se negaron, señalando que las condiciones que hacían viable a las empresas de Guayana tenían que estar presentes en el resto de Venezuela, es decir, solicitaron un ajuste estructural. La experiencia china en Venezuela como banco de desarrollo ha sido catastrófica y creo que este encuentro es un espejo de los aprendizajes que han adquirido.

En resumen, lo que te quiero decir es que los chinos conocen mejor que nosotros la magnitud de la crisis de Venezuela y dudo mucho que deseen una exposición mayor. China –hasta donde entiendo– ha estado dispuesta a aceptar una reducción en los envíos de petróleo que tiene que hacer Venezuela para amortizar los préstamos recibidos a través del Banco de Desarrollo de China, lo que efectivamente se traduce en un cronograma de amortización más favorable. ¿Van a inyectar más dinero? Hasta que no lo vea no lo creo, pero en cualquier caso dudo mucho que sea la cantidad suficiente como para resolver la grave crisis de divisas de Venezuela.

—*Hasta ahora el Gobierno ha optado por la inacción, al punto que ni siquiera ha tomado medidas como el aumento de la gasolina, que ayudaría a disminuir la brecha entre ingresos y gastos en las cuentas públicas, o acabar con el dólar artificialmente bajo de 6,30 bolívares que prácticamente equivale a regalar buena parte de las divisas que le ingresan al país por las exportaciones de petróleo. ¿Es posible mantener esta estrategia por más tiempo y cuál sería el costo?*

—La inacción es consecuencia del piso político, para tomar medidas, así no sean de fondo, se requiere piso político. Una fracción del chavismo se beneficia económicamente del esquema actual, y la más reaccionaria considera que los problemas económicos obedecen a que Nicolás Maduro no ha sido lo suficientemente socialista. Entonces no es de extrañar que existan idas y venidas, grupos dentro del Gobierno que se imponen sobre otros, un forcejeo constante que se traduce en la inacción.

—*¿Y cuál es el límite para esta dinámica?*

—Difícil de saber. Durante años los economistas han sido acusados de presentar escenarios catastróficos y la verdad es que lo que se nos ha venido encima ha superado las peores previsiones. Eso me recuerda una frase que se le atribuye a Rudiger Dornbusch: «En economía las cosas tardan más en ocurrir de lo que uno piensa, pero cuando finalmente ocurren, traen una fuerza mucho mayor de lo esperado». Hemos llegado a un punto que nadie tenía en mente hace algunos años. Sí hubo muchos que advertimos la catástrofe económica que se venía, no me refiero a eso. Me refiero a que hemos llegado a niveles que, si yo te los hubiese dicho a ti o a cualquiera hace dos años, me habrías respondido: «No, eso es inaceptable, la gente de Venezuela nunca aceptaría llegar a ese punto». El hecho es que sí llegamos, y estamos ahí desde hace rato, con cierta capacidad de adaptación. Eso me lleva a pensar que más que acercarnos al límite, el país ha ido adquiriendo una capacidad peligrosa de adaptarse a las circunstancias. En dos años más podríamos estar en niveles que hoy nos parecen impensables si no se hace nada.

—*En algún momento el país tendrá que plantearse salir de la maraña del control de cambio. ¿Esto es posible sin un plan de ayuda del Fondo Monetario Internacional que fortalezca las reservas internacionales y permita gradualidad?*

—Un paquete de ayuda externa va a ser completamente necesario en la situación actual de Venezuela, ya no digamos en la que pudiéramos estar cuando se abra la posibilidad de realizar una transición política que permita reformar la economía. Es fundamental contar con un nivel de reservas internacionales líquidas adecuado, en efectivo, muy superior al de 1.500 millones de dólares de hoy en día, ese es un componente esencial de cualquier ajuste y fundamental para obtener credibilidad. La pregunta es si va a hacer falta ayuda de otro tipo, humanitaria, por ejemplo.

El Fondo Monetario Internacional otorga préstamos que permiten fortalecer las reservas internacionales, esa es la manera como el mundo canaliza los paquetes de ayuda. Analistas de bancos internacionales han dicho que no tiene por qué ser el Fondo Monetario Internacional sino el Banco de Desarrollo de los Brics (grupo conformado por Brasil, Rusia, India, China y Sudáfrica). La verdad es que este banco aún no ha otorgado su primer préstamo. Quién sabe si cuando se presente la posibilidad de la reforma esta entidad financiera ha progresado rápidamente y se ha convertido en una alternativa multilateral, pero hoy no luce posible.

Otros han mencionado la posibilidad de Unasur, un organismo sin ninguna experiencia como banco de desarrollo. En todo caso, lo que sí está claro es que en este punto de deterioro al que ha llegado Venezuela, para realizar una normalización de la economía y una transición del socialismo del siglo XXI a un sistema de mercado se va a necesitar un paquete de ayuda importante.

—*El levantamiento del control de cambio implica liberar las tasas de interés a fin de que tenga sentido ahorrar y no haya una compra masiva de dólares, nadie se va a quedar en bolívares ganando 12 % con una inflación muy superior si puede adquirir divisas. ¿Ese aumento de las tasas no impactaría la estabilidad del sistema financiero que actualmente tiene una larga lista de créditos a tasas subsidiadas y bonos que le ha comprado al Gobierno y que reportan rendimientos ínfimos de 3 %? ¿Se puede levantar el control gradualmente para impedir un temblor en el sistema financiero?*

—No hay mucha literatura sobre cómo se levanta un control de cambio de manera gradual, nosotros mismos no tenemos ese tipo de experiencia. Nuestros dos controles anteriores (Recadi, de Luis Herrera y Jaime Lusinchi, y OTAC, de Rafael Caldera) fueron levantados de golpe y porrazo. El segundo gobierno de Carlos Andrés Pérez levantó el control que heredó de Jaime Lusinchi en un día, e igual hizo Rafael Caldera en 1996. En ambos casos, se produjo un deterioro social acelerado, sobre todo en el segundo, que a su vez trajo consecuencias políticas muy graves que marcaron el rumbo del país: la accidentada experiencia de reformas de Carlos Andrés Pérez, con sus espectaculares resultados, la oposición del sector privado y los medios nacionales, y su posterior salida de la presidencia; y con Rafael Caldera la elección que catapultó a Hugo Chávez al poder.

En verdad la segunda administración de Rafael Caldera no le abrió paso a Chávez por haberlo indultado, ese era un acuerdo político de la mayoría de los actores relevantes para la época, sino por haber generado una crisis bancaria colosal, con un deterioro en la informalidad y en la pobreza, que fue realmente lo que cierra veinte años desastrosos de política económica (1978-1998) y le pone la alfombra roja a Hugo Chávez.

En el fondo, hay muy poca experiencia en el mundo sobre este tema de levantar el control de cambio de forma gradual. Hasta hace poco los organismos multilaterales exigían el levantamiento inmediato de los controles en las condiciones previas para otorgar financiamiento.

Pero la gradualidad no solo es un elemento necesario para poder realizar un ajuste sostenible desde el punto de vista social, que a su vez le dé credibilidad al proceso de reformas: es un requisito indispensable si queremos reformar la economía evitando una nueva crisis bancaria.

Eso nos trae de vuelta al punto inicial: Venezuela necesita un cambio radical en la manera en que concibe la economía, necesitamos crear un entorno en donde los venezolanos no quieran salir corriendo a comprar dólares, sino que decidan invertirlos en explotar las enormes oportunidades de inversión y rentabilidad que existen en Venezuela. La confianza en el sistema bancario, la reactivación del crédito productivo, el ahorro a tasas de interés reales positivas son elementos esenciales de esa transformación.

Ahora, tasas de interés por encima de la inflación con la inflación actual son imposibles. Aparte de que a esos niveles sería muy difícil que la economía opere, por el costo del financiamiento, se añade el aspecto que mencionaste anteriormente: si incrementas las tasas para que los ahorristas no salgan corriendo a comprar dólares, los bancos tienen unas rigideces por el lado de los activos, están llenos de bonos del Gobierno que rinden en promedio 14 %, incluyendo unos que han sido forzados a tomar recientemente a 3 %. Poseen numerosos créditos hipotecarios, turísticos, agrícolas y demás «carteras dirigidas» a tasas de interés subsidiadas y eso generaría una crisis.

Pienso que esto es un tema que está relativamente asimilado, que es muy conocido y que con ayuda multilateral Venezuela pudiera pasar por un proceso gradual donde el control de cambio no se levantara todo de una vez. Esto implica tener tasas de interés por debajo de la inflación durante un tiempo e irlas ajustando poco a poco a medida que los créditos vayan madurando y la inflación se controle. No hay literatura ni hay un proceso conocido, pero creo que se hace indispensable un período intermedio en el que se hagan algunos ajustes con la banca.

En 2012 el equipo económico que trabajó con Henrique Capriles conversó este tema con Gustavo Marturet, quien por años fue el presidente del Banco Mercantil. Nos dijo en aquel entonces una frase que vale la pena recordar: «La banca es una industria que aguanta casi cualquier cosa de a poquito y casi ninguna de sopetón».

—*¿Cómo se pueden aislar los efectos perniciosos de la renta petrolera? Analistas como Asdrúbal Baptista consideran que debe ir exclusivamente a bienes colectivos como infraestructura, salud, educación y no al consumo individual. ¿Qué opina en caso de que la fortuna sonría y surja un nuevo* boom *petrolero?*

—En primer término me gustaría enfatizar qué tan pequeño se le ha ido quedando el petróleo a Venezuela. La caída de los precios a 35 dólares lo que hace es resaltar algo que en el fondo ya todos sabemos: el petróleo se le quedó pequeño a Venezuela. A mediados de 1970, Venezuela producía tres millones de barriles diarios; 40 años después, con una población cuatro o cinco veces mayor, produce una cifra similar, acaso 10 %-15 % menor. Si en Venezuela repartiéramos barriles, en lugar de gasto público, lo que a cada venezolano le toca en barriles ha caído 74 %. El petróleo ya es muy pequeño para este país, lo que pasa es que a fuerza de no tener nada más seguimos preguntándonos qué hacer con la única fuente de divisas.

Hoy en día el tema de cómo administrar la renta petrolera me parece menos importante que otros. Deberíamos discutir en profundidad cómo atraer inversión privada y conocimientos, cómo podemos garantizar condiciones para que en el país se establezcan nuevas operaciones, de las que aprendamos a hacer nuevas cosas, con las que podamos diversificar nuestra economía. Más allá de seguirnos preguntando qué hacer con los 30.000 millones de dólares de exportaciones petroleras, deberíamos empezar a pensar en cómo diversificar nuestras capacidades, nuestro conocimiento, nuestra economía.

No soy de los que cree que el petróleo es una maldición. Todo lo contrario. El país tiene un enorme déficit de infraestructura pública, en términos de aeropuertos, autopistas, escuelas, hospitales. Una parte de la renta petrolera debe ser utilizada en ayudar a generar la provisión de bienes públicos necesaria para que se genere un ecosistema productivo. Esto incluye, además de infraestructura, otro tipo de bienes públicos que resuelvan fallas de mercado, de coordinación: instituciones de diálogo público-privado, el sistema judicial, instancias de arbitraje.

Una fracción de la renta petrolera, cuando tengamos excedentes (no es el caso de hoy en día y todo parece indicar que no lo será durante un buen tiempo), es depositarlos en un fondo de estabilización, transparente, con reglas claras de ahorro y desahorro, que sirva como mecanismo de señalización para los inversionistas. Aunque en el corto plazo no se deposite nada porque en las actuales circunstancias el lujo que no se puede dar Venezuela es ahorrar, pero que se creen las bases y las condiciones en la cual se ahorraría cuando exista algún excedente.

Nunca he estado de acuerdo en privatizar el negocio petrolero y mucho menos en la coyuntura en la que heredaría el poder una administración de transición que siga al período chavista. No digo que no pueda ocurrir en el futuro, pero hay que reconocer cuándo un tema está maduro en una sociedad o cuándo la sociedad es suficientemente madura para abordar ciertos temas.

—*Como señala Paul Krugman, a largo plazo la posibilidad de que un país alcance mayor prosperidad depende casi por entero de su capacidad para incrementar la producción por trabajador, es decir, de la productividad. ¿Cómo podría el país comenzar a gatear hacia una mayor productividad?*

—Lo primero que hay que hacer es desmontar de inmediato todo el aparato regulador, esa madeja absurda de regulaciones que les están absorbiendo una cantidad enorme de recursos a las empresas y que no tienen contrapartida en producción. La mayoría de la gente no ve estas cosas, pero cuando se ha trabajado en la empresa privada te das cuenta de la cantidad de atención y la cantidad de recursos dedicados a mantener el ritmo de movimiento de la empresa con el ritmo de regulaciones que introduce el Estado. A las empresas las pusieron a rellenar carpetas, a los empleados los pusieron a llamar por teléfono y a hacer colas en los bancos, se generaron aparatos de *lobby* y una enorme corrupción. Durante todo ese tiempo, el pensamiento creador ha sido inhibido, aquí la forma de generar rentabilidad era conseguir acceso a dólares baratos y para ello había que invertir mucho tiempo y dinero. En la economía moderna, ese tiempo debe ser dedicado a descubrir formas más eficientes de competir y hacer las cosas, adoptar tecnologías y adaptarlas a nuestro entorno, de eso se trata la modernización.

Imagínate una economía en pleno siglo XXI siguiendo las guías de la Sunagro, un sistema que regula para dónde va cada camión de cada empresa. Es decir, cuando terminas de producir, llamas a un burócrata que te dice «eso lo vas a vender es allá», en la otra punta del país. Te da una guía y de ahí no te puedes desviar. Y a lo mejor, a esa misma hora, viene de allá un camión con producción de esa región, que ha sido reorientado hacia la tuya. Es una locura.

Venezuela nunca ha tenido una estructura industrial diversificada, competitiva y poderosa. Esa fue precisamente la transición que no fuimos capaces de hacer. Pero sí en otras épocas habíamos desarrollado ciertas industrias con alguna capacidad de exportación. Todo eso ha sido arrasado por la revolución. Necesitamos volver a preguntarnos qué fuimos capaces de hacer, ver si ese conocimiento existe y si hay alguna política industrial capaz de reactivar esas capacidades latentes. Pero por encima de todo necesitamos nivelar el terreno de juego, crear un entorno favorable al funcionamiento de la empresa privada y restablecer la inversión, la innovación, la productividad y el empleo como motor de la diversificación productiva. En paralelo, el Estado debe concentrarse en atender el enorme déficit de atención social que heredamos de la revolución: educación, salud, infraestructura, seguridad jurídica, seguridad personal.

A mí me parece que el fracaso del modelo socialista sí ha puesto sobre la mesa la oportunidad de reconocer, como sociedad, que el modelo que hemos seguido, tanto entre 1978-2003 como a partir de 2004-2015, ha fracasado. Nos prometieron algo que no era posible: consumir de forma indefinida, sin producir. El enorme fracaso del socialismo abre una oportunidad ahora que no estaba abierta en 2012. Creo que la situación y la sociedad sí pueden haber madurado lo suficiente como para reconocer que necesitamos cambiar de modelo, cambiar la forma en que concebimos la economía; por encima de todo, cambiar el acuerdo social que determina qué hace el Estado por el ciudadano y qué debe hacer el ciudadano por el Estado y por sí mismo. Ese es el reto del liderazgo de hoy. Promover una nueva alianza, un nuevo entendimiento. Sí podemos salir adelante, sin necesidad de que se nos quede nadie atrás.

IV. Aquí sí puede ocurrir
Entrevista a Luis Vicente León

Tras 21 años al frente de Datanálisis, una de las principales encuestadoras del país, Luis Vicente León ha desarrollado una gran habilidad para leer el entorno político y construir escenarios que permiten vislumbrar lo que podría suceder en los turbulentos tiempos que vive y vivirá Venezuela. Líder de opinión, es una de las plumas más leídas y referencia obligada a la hora de citar tendencias electorales.

Nada sin contratiempos en las aguas de la política y la economía e incluso las integra para construir un diagnóstico lo más completo posible, apoyado en estudios que mes a mes miden el pulso de la opinión pública y variables como la escasez, inflación y respuesta del consumidor. Economista graduado en la Universidad Católica Andrés Bello, Magíster en Ingeniería Empresarial de la Universidad Simón Bolívar, el público asiste a sus conferencias como quien visita a un oráculo.

* * *

—*Hugo Chávez ha sido uno de los líderes con mayor respaldo popular en la historia del país. ¿De acuerdo a las mediciones de Datanálisis qué explica ese amplio respaldo? ¿Se trató solo de un hombre que tuvo la suerte de contar con el mayor* boom *petrolero de nuestra historia?*

—Sin duda existe una correlación histórica entre la percepción de crisis y la evaluación de gestión de los líderes. Hugo Chávez tuvo el viento a favor de los altos ingresos petroleros y recuperación en el proceso económico que le permitieron vender una imagen de mejoría, de bonanza, que pudo ser capitalizada en términos de respaldo popular. El ingreso petrolero permitió elevar el gasto y por supuesto utilizar ese dinero para construir una relación utilitaria con la población, eso jugó un rol importante.

Si analizamos la historia de Venezuela vamos a conseguir líderes que alcanzaron una popularidad equivalente a la de Hugo Chávez. Carlos Andrés Pérez tuvo más de 70 % de respaldo popular durante su primer gobierno y Hugo Chávez llegó a un máximo de 72 %. Tienen en común que este amplio respaldo ocurrió en tiempos de bonanza petrolera aunque con políticas y escalas diferentes; Chávez tuvo muchísimo más dinero que Pérez. También la realidad del país y del mundo son muy distintas en estos dos períodos.

Pero la diferencia fundamental es que ningún otro líder ha tenido una popularidad anchilarga como la de Hugo Chávez, prácticamente nadie ha tenido una cosa tan larga, es más, te puedo decir que es tan larga, que hoy, en agosto del año 2015, Chávez tiene más de 30 puntos por encima de la popularidad del presidente Nicolás Maduro, lo cual nos manda por cierto muchos mensajes. Uno de los mensajes es que Chávez sigue generando hoy, después de muerto, una empatía impresionante, de respaldo a su gestión, a esa gestión que obviamente es un recuerdo.

Eso indica también que el presidente Maduro ha fraccionado al chavismo, no es que el chavismo cayó, es que el madurismo es chiquito. El chavismo, analizado desde la perspectiva de las conexiones con el respeto por el trabajo que Chávez hizo, sigue siendo muy elevado, más del 50 % de la población evalúa en positivo la gestión de Chávez. Esto también nos dice que una parte importante del país no entiende que lo que está pasando hoy tiene que ver con lo que Chávez hizo.

Esto nos lleva a que tiene que haber algo más que simple utilitarismo, y entonces ahí es cuando entra un tema que para mí es fundamental. Siempre la popularidad es multifactorial, no se puede decir que la popularidad de Chávez es utilitaria nada más, o solo emocional, todos los factores juegan un papel importante en positivo y negativo. Pero yo creo que hay un elemento muy importante que no se puede de ninguna manera despreciar: Chávez era un líder carismático que fue capaz de representar la simbología de la población más pobre, que es la masiva en Venezuela, y vender la idea de que había alguien que los representaba, que se sintieran identificados y representados en Hugo Chávez.

De nuevo, es una combinación, sin dinero era mucho más difícil mantener los altos niveles de respaldo. Chávez, que como ya comentamos alcanzó una popularidad de 70 %, terminó su vida en 53 %, casi 20 puntos menos que en la época de bonanza. Entre 2001-2003 su popularidad estuvo en 30 %, en medio de la caída de los precios del petróleo, y logró rescatarla al lanzar las misiones.

Por eso digo que hay combinación de factores, es miope ver solo uno. En algunos momentos le fue más útil el carisma y en otros la cantidad de dinero que pudo tener.

—*¿Y cuáles son sus características como líder, por qué logra una conexión que hoy luce difícil de alcanzar por otros políticos?*

—Hugo Chávez tuvo lo que los analistas germánicos llaman desde hace muchísimos años «frescura». ¿Y qué es frescura? Es un concepto que mezcla varias cosas. La primera es el discurso; esto parece superficial pero es un elemento fundamental. Existen muy pocas experiencias de un líder que logra ganar una elección sin ser buen orador, sin emocionar a las masas, Richard Nixon es un ejemplo, pero hay pocas experiencias en la historia del mundo. Usualmente un líder exitoso es un «pico de plata», capaz de levantar pasiones con el discurso. Y esto tiene que ver con el fondo del discurso, conectar lo que se dice con el corazón y la cabeza de la población, pero también es fundamental la forma como se hace el *delivery* del mensaje.

Y este punto es tan o a veces más importante que el fondo del discurso, sobre todo cuando se les habla a masas que no tienen capacidad de pensamiento abstracto, básicas, y en Venezuela una parte importante de la población no culmina el bachillerato. Pueden existir personas que tengan pensamiento abstracto sin educación, pero lo normal es que requieras formación. Entonces, lo relevante en el discurso no es el fondo sino la forma, te conectas con el líder en función de la empatía, en función de símbolos muy simples, en función de aquellas cosas que te conectan al corazón.

Si chequeas la historia reciente hay muy pocos líderes con esa capacidad en Venezuela y Hugo Chávez era uno, como Carlos Andrés Pérez, como Rómulo Betancourt. Rafael Caldera tuvo un liderazgo de *auctoritas*, no un liderazgo de masas. En un momento estelar, después de muchos fracasos, apareció como una alternativa de autoridad, de formación, y aunque las masas no lo comprendieran, entendían que necesitaban a alguien que supiera más que ellos, y eso fue una suerte para Caldera.

El segundo componente de la frescura es la juventud. La juventud no es necesariamente un tema de edad, aunque en el caso de Chávez era un hombre joven, pero no se refiere solo a la edad, tú puedes tener 80 años y ser revoltoso, estar dispuesto permanentemente a cambiar, ser informal, hasta inmaduro, pero con una inmadurez característica de la creatividad. Si tú logras ese concepto eres fresco, porque te renuevas permanentemente frente a los actores de conexión.

Y el tercer elemento básico de la frescura es la simpatía. Es igual a enamorarse. Si agarras a tu hija y le cuadras una cita con el hijo de fulano que es el novio perfecto, estudioso, trabajador, una familia espectacular, con valores, la primera pregunta que le tienes que hacer a la carajita cuando regresa a la casa es si se divirtió. No tiene sentido que le preguntes si el tipo es inteligente o si la llevó a un restaurante muy fino. Es si se divirtió o no. Y eso tiene que ver con la capacidad de la persona, porque no todos somos divertidos, algunos son y otros no.

Ese concepto de frescura germánico lo tenía Chávez completico y lo aprovechó construyendo un carisma que sin duda era excepcional. A lo mejor no era un tipo brillante, en otras cosas, no sabía cómo manejar la economía, pero era excepcional en la frescura y eso sin duda generó un líder muy fuerte, a quien todo le fue más fácil porque tenía plata.

—*¿El liderazgo que llega a tener Jaime Lusinchi en el sentido del lema de campaña de «Jaime es como tú» es un síntoma de que allí estaba el espacio para un líder como Chávez?*

—Jaime Lusinchi y Luis Herrera Campíns eran líderes llanos, de discurso simplista, que se conectaron con el «sabrosón» venezolano; es decir, Jaime Lusinchi era como tú, y era verdad: un tipo simpático, echador de broma, bebedor de caña, mujeriego; era el venezolano común que de alguna manera sería el anticipo al tema de Chávez por la noción de representar a la masa en la manera de ser, en el discurso chistoso, en la forma. Ese proceso viene desde Jaime Lusinchi.

Y el otro anticipo es Rafael Caldera cuando gana por segunda vez la presidencia porque es elegido como un *outsider*, como una rebelión contra el *establishment* aun siendo uno de los fundadores del sistema. Es un anticipo, ya te estaba diciendo que el sistema político venezolano quería cambios. Y entonces aparece Hugo Chávez como ese irreverente, carismático, con muchísima labia, con un discurso totalmente emocional, simplista, con el único mensaje de que necesitamos cambios, yo te represento y te voy a dar a ti, al pueblo, el empoderamiento. Es lo que los norteamericanos llaman el *chastiser*, el vengador, algo que Chávez aprovecha muy bien en su primera campaña electoral.

—*Es cierto que en Venezuela siempre ha existido presidencialismo, centralismo y estatismo, pero llama la atención que Chávez se convierte prácticamente en un monarca que controla los poderes públicos, utiliza el dinero de la nación como si fuese su propiedad privada, con una gran discrecionalidad, y logra que se le apruebe la reelección indefinida. ¿Existe una fibra en el venezolano que lo lleva a aceptar un sistema de subordinación?*

—Se lo entregaron en bandeja de plata; el pasado fue terriblemente malo y la población se frustró. No es que la oposición fuera un desastre permanentemente; construyó un país, hay muchísimas cosas y valores positivos que podemos rescatar en los años de democracia pre-Chávez, miles de cosas importantísimas y que además hoy podemos recordar con envidia. Pero también es verdad que se perdieron en el camino. Se perdieron en el tema de corrupción, en la búsqueda de una estabilidad macroeconómica olvidándose de las necesidades microeconómicas de la población. Además construyeron una partidocracia terriblemente ineficiente. Todos esos elementos le abrieron un espacio al vengador y una de las cosas que te piden cuando te eligen como vengador es que concretes la venganza. Y la venganza fue la destrucción de las instituciones sin construir sustitutas.

Chávez se fue directo a la construcción del triángulo líder, masa, ejército; y ese triángulo no quería intermediarios. ¿Qué son las instituciones?, los intermediarios entre el Estado y la población; si tú no quieres intermediarios destruyes la institucionalidad. El liderazgo opositor no fue capaz de reorganizarse para luchar en la defensa de las instituciones. Las elecciones terminaron siendo como un trapiche de caña de azúcar que lo que dejaba era el bagazo, se metían los líderes y salían como bagazo de caña porque se perdieron, no encontraron cómo reagruparse. Entonces eso le permitió a Chávez avanzar en la concentración de poder.

Lo segundo es que Chávez fue rompiendo mitos. Si hubieras entrevistado a cualquiera de los presidentes de Venezuela previos a Chávez todos sentían que Pdvsa era un Estado dentro del Estado y hubieran querido quitarle poder a la tecnoestructura petrolera, pero no se atrevían. Todos pensaban que los medios de comunicación abusaban y nadie se atrevía a tocarlos. Nadie soñaba meterse con la Iglesia, porque en una sociedad católica, meterse con la iglesia y tener a los curas en contra podía ser desastroso en términos de popularidad. Todos esos son mitos. Hugo Chávez tomó el control de Pdvsa, la destruyó y no pasó nada. Se cogió los medios de comunicación, los penetró, los cerró, tuvo vaivenes de popularidad, pero estaba ahí. Se metió con la Iglesia, la mandó para el infierno, o sea, hizo lo que le dio la gana, y no pasó nada. Y cuando él aprendió que todas esas restricciones a la concentración de poder eran mitos, entonces simplemente le dio una patada a la lámpara.

Pero hay un elemento que está detrás de tu pregunta, que tiene que ver con qué es el venezolano. El venezolano es hombre, no es mujer. En psicología eso está estudiado. Las niñas establecen vínculos que resuelven entre ellas, y mientras más plana sea la relación más efectiva es porque eventualmente se interrelacionan y ninguna se deja mandar por la siguiente, porque eso genera conflicto; ahí el liderazgo único genera conflicto. Los varones necesitan una instrucción y después que tú das la instrucción todos se alinean para conseguir ese objetivo. ¿Y eso qué significa?, que necesitan al líder. Esta es una sociedad piramidal, no es plana, es una sociedad masculina.

La máxima experiencia es la oposición porque no tiene ningún líder sólido, tiene un montón de líderes intermedios. Hace un año si un opositor se levantaba el sábado y quería apoyar alguna iniciativa podía seguir la propuesta de Leopoldo López de firmar por una Asamblea Nacional Constituyente; o la propuesta de Henrique Capriles de conformar partidos para ir camino a unas elecciones o acudir a unos congresos ciudadanos convocados por María Corina Machado para levantar la calle en contra del dictador. ¿Qué hacía? Nada. Ninguna iniciativa podía ser exitosa porque no había lineamiento. Y en esta sociedad si no hay un lineamiento claro, además, simple, directo, chiquitico, no hay forma de que eso vaya para ningún lado.

Pero eso además explica por qué esta es una sociedad militarista a pesar de tener 50 años de democracia. El sector militar ha estado permanentemente en los primeros tres niveles de aprobación popular; interesante saber por qué. Yo no tengo nada en contra de los militares, creo que el país necesita su sector militar, pero ¿cómo es que Yubileizy en el barrio 5 de Julio podía comparar la acción de la Iglesia o de los medios de comunicación con una acción militar si no es fundamentalmente por un tema de *auctoritas*? Y el tema *auctoritas* se representaba en ese militar. Bueno, Chávez tenía esa condición.

Chávez, siendo popular, colonizó la democracia y destruyó la institucionalidad y los intermediarios con la elección. Siendo popular lograba elegirse, siendo elegido lograba legitimidad de origen y fuerza para destruir la base de la democracia que es la división de poderes, la representación de las minorías y la alternancia en el poder. Se voló la institucionalidad, pero no por la fuerza como un dictador sino por la elección. ¿Cómo definía el venezolano común la democracia? Básicamente como votar. ¿Cuándo votaste más que con Hugo Chávez? Para un venezolano común Chávez era hiperdemocrático, porque votaron seis veces.

—*El 8 de diciembre de 2012 Hugo Chávez nombró a Nicolás Maduro como su sucesor pidiendo de corazón que fuese elegido como Presidente si él moría, como sucedió el 5 de marzo de 2013. Luego hubo elecciones el 19 de abril de 2013 y Maduro ganó pero con una mínima diferencia de 1,5 % respecto a Henrique Capriles. El chavismo había quedado muy unido tras la muerte del líder. ¿Por qué Maduro pierde tanto capital político en tan poco tiempo?*

—Lo primero que es importante entender es que este no era un país de chavismo y oposición. Este era un país chavista, de oposición e independientes, y esos independientes oscilan entre el 30 y 40 % de la población. Dependiendo del momento en que los estudies y hacen la mayoría, ni el Gobierno ni la oposición pueden ganar sin ellos. ¿Qué ocurría en el pasado? Que Chávez era capaz de enamorar independientes, venderles la idea de que votar por él era la mejor opción, a veces porque los convencía, a veces porque les daba miedo el cambio. Chávez no les proponía que él era mejor sino que la oposición era un vacío y como la oposición tampoco tenía una oferta alternativa creíble que los enamorara –déjame cambiar el tiempo de verbo: no tiene– entonces los independientes quedaban como en un limbo y su decisión terminaba siendo entre sostener lo que había, porque era mejor no asumir un riesgo, o no votar y convertirse en abstencionista.

Eso fue cambiando en términos de que muchos independientes estuvieron dispuestos en algunos momentos históricos a votar en contra, a castigar; algunos se dejaron seducir por el voto castigo, no porque tuvieran gran confianza en la oposición pero sí porque simplemente sentían que era mejor un cambio y probar.

Antes de analizar lo que ocurre con Nicolás Maduro vale la pena decir que hay antecedentes. Cuando se vota por la reforma constitucional, Chávez pierde la elección numéricamente y el país se divide en dos. También pierde las elecciones parlamentarias de 2010 en número de votos, no de diputados, porque no lo logra endosar su fuerza, lo que significaba que ya tenía una merma importante, pero venía de tan arriba que todavía tenía margen de maniobra. Chávez ya había sido afectado por la crisis y por la incapacidad de resolver los principales problemas del país.

Pero se enferma y muere. Cuando se enferma hay una empatía, porque el día a día estaba afectado por la crisis pero seguía teniendo las características del líder; perdió frescura por el tema de estar enfermo, perdía futuro y eso lo afectaba, pero había la compensación de la solidaridad primaria con el enfermo. Eso le dio oxígeno para ganar la elección. Cuando muere, Hugo Chávez le entrega a Maduro una herencia espectacular, mucho mayor que la que él mismo había tenido en la elección previa. Chávez derrota a Henrique Capriles con una diferencia de 11 puntos. Cuando muere, Nicolás Maduro arranca la campaña electoral con 20 puntos por encima, es decir, en el velorio de Chávez se duplica la brecha y en apenas mes y medio prácticamente pierde todo el gap.

—*Nicolás Maduro pierde 19 puntos en apenas mes y medio. ¿Qué hizo para que esto sucediera?*

Ahí hay, otra vez, varios elementos. El primero es que el velorio de Chávez fue cortado y arrancó la campaña. Si yo hubiera sido el asesor de Maduro –y es horrible lo que voy a decir– yo encadeno a Maduro a la tumba de Chávez y lo pongo a llorar 40 días sin salir de ahí, y hubiera ganado corrido las elecciones. O hubiera llevado el féretro de Chávez por todo el país a hacerle honores el mes completo de campaña. Como el de Evita Perón en Argentina. Yo hubiera llevado a Chávez por toda Venezuela para rendirle homenajes y no hubiera hecho nada que no fuera Chávez.

—*Pero eso era aceptar que Maduro no era nada.*

—¿Y era? La verdad es que lo que dijo el pueblo es que desde el punto de vista del liderazgo, no le gustó lo que hizo. Maduro tiene un problema con el baile, bailó tambores a los cinco días de haber enterrado a Chávez. Era la emoción del duelo por Chávez lo que le estaba dando los 20 puntos de diferencia respecto a Capriles. No era él. Entonces tras el fin del duelo, una vez que él baila, comienza la campaña y Maduro se desdibuja completamente.

En mi opinión comete un error brutal: intenta copiar a Chávez, entonces no era él, era un remedador de Chávez pero malo porque no tiene ninguno de los elementos de la frescura. Un buen imitador tiene que tener las condiciones intrínsecas del actor al que imita. Cuando tú ves a Emilio Lovera imitando no estás viendo a cualquiera, estás viendo a una estrella fabulosa que está colocando su talento en la imitación. Si tú tratas de imitar a un candidato excepcional y no lo eres, lo que termina sucediendo es un remedo terriblemente malo que amplifica la diferencia entre tú y quien pretendes imitar.

Al ser un mal imitador de Chávez, Nicolás Maduro perdió los valores positivos de su propia condición. No es un tipo antipático, es simpático; es negociador, lo fue como canciller y como diputado. Pero no es un gran orador, lo que rompe el concepto de la frescura; no es un tipo divertido, echa un chiste y nada. Entonces al no construir su propio espacio, su personalidad, e intentar remedar a uno que era demasiado para él, hizo cortocircuito.

Y en adición el otro candidato se había crecido, no es solo que Maduro era un pésimo candidato. Henrique Capriles aprende muchísimo en la campaña en la que compite con Hugo Chávez. El primer discurso de Capriles contra Chávez cuando se va a inscribir en el Consejo Nacional Electoral y se monta en aquella tarima es de los peores discursos de la historia de la humanidad, desastroso. Después supimos que había tenido un dengue y se le ocurrió correr hacia la tarima y terminó abrazándose a Érika de la Vega diciéndole «agárrame que me caigo».

De ese discurso al Capriles de fin de campaña hay una eternidad. Ojo, no es que hoy sea el mejor de la clase en términos de discursos públicos, pero bueno, es como cuando tus hijos tocan violín, que al principio desafinan y tú piensas qué horrible, y después de dos años reconoces la canción.

—*¿Qué otros elementos hacen que Henrique Capriles mejore como candidato?*

—Él hace una campaña estelar porque reconoce sus debilidades y no se basa en discursos de masas sino en un trabajo cara a cara, en la visita completa a las comunidades porque Capriles es un supervendedor cara a cara. Además él había recorrido todo el país durante la campaña en la que compitió con Chávez y ahora tenía de rival a un Maduro que al final de cuentas era impuesto, un delfín.

Si el delfín es bueno tiene la ventaja, pero si es malo comienza a perder respaldo de los independientes, no de los chavistas, los chavistas estaban votando por Maduro les gustara o no les gustara, pero en aquel momento representaban entre 35 % y 40 % de la población. Maduro no logra conservar a los independientes que apoyaban a Chávez. Un chavista no se convierte rápidamente en opositor pero un independiente sí se voltea, es un irreverente y lo fue ante un tipo que no le gustó en campaña.

Sin embargo la fuerza del chavismo seguía siendo muy grande y eso le permitió mantener la mitad del país. Esa elección la ganó el Gobierno a pesar de Maduro; en realidad la ganó Chávez.

—*¿Por qué Nicolás Maduro pierde el apoyo de buena parte de los independientes?*

—Porque no era fresco, no generaba confianza, porque no tenía un discurso, porque no había una propuesta interesante.

—*¿Y no era el mismo discurso y la misma propuesta de Hugo Chávez?*

—A Chávez se lo creían y a él no. Yo necesito tener confianza para pedir que postergues gratificaciones. Yo necesito convencer a mis hijos de que no vale la pena retirarse en tercer año de bachillerato incluso si un tío loco les ofrece trabajar en una casa de bolsa donde van a ganar 100 veces lo que ganarían después de que estudien 15 años más entre bachillerato, universidad y posgrado. La única manera que tengo para evitar eso es la confianza del actor en que yo estoy en lo correcto cuando le digo que va a tener una vida infinitamente mejor de la que puede tener si toma esa gratificación hoy.

¿Qué no tenía maduro?, la confianza. Chávez era un monstruo, a un tipo bueno le hubiera costado sustituirlo, pero es que Maduro no era ni siquiera un buen candidato: malo hablando, no estructuraba los discursos, era un remedo. Cuando tú veías el remedo no ibas a lo que decía, esa propuesta tú no la entendías, porque simplemente estabas haciendo un cortocircuito; tú ves a un tipo que no te da gracia tratando de ser gracioso, no te da mensajes tratando de enviarte mensajes, no es confiable porque no le crees: el independiente se retira.

Y el otro capitaliza, capitaliza, capitaliza, porque el otro era bueno; era un buen candidato contra un mal candidato, entonces simplemente se van reduciendo los gaps hasta llegar a ese proceso terriblemente peligroso para el chavismo.

—*Lo que se ha dado en llamar la V República nunca pensó en otro líder, continuamente los partidarios del Gobierno repetían «no hay chavismo sin Chávez». Entonces Maduro tiene un liderazgo delegado que no tiene un fuerte arraigo dentro del chavismo. ¿Esto explica que haya habido una mayor militarización de los cargos públicos? Los militares chavistas han ido desplazando a los civiles en la ocupación de los cargos públicos más importantes. Economía, Finanzas y Banca Pública; Interior y Justicia; Industrias, Transporte Aéreo y Acuático, además de la vicepresidencia económica y la Corporación Venezolana de Comercio Exterior. ¿La falta de carisma y conexión popular ha derivado en un presidente prácticamente tutelado por las Fuerzas Armadas?*

—Maduro gana en la raya, esa noche muchos chavistas se acostaron diciendo «ganamos, pero de vaina». ¿Y a quién iban a culpar? Al mismo Maduro, no van a culpar a Chávez, que le había entregado 20 puntos arriba al inicio de ese proceso. Aunque no todo fuera su responsabilidad, era muy difícil sustituir a Chávez, como ya dijimos el otro candidato también jugaba. Benedicto XVI tampoco podía sustituir fácilmente a Juan Pablo II y al final sale del juego, fue una transición, y Benedicto XVI era muy bueno.

Arranca el gobierno de Maduro y no lo reconoce la oposición. Comienza el desastre en materia económica; no aplica un programa de ajuste, se queda pegado con los controles y la popularidad sigue cayendo, 10 puntos menos. Tres meses después Maduro está en 38 % de popularidad y tiene en frente unas elecciones para elegir alcaldes. Entonces, tiene que ceder y se convierte en un prisionero de la unidad chavista, porque cualquier fractura siendo minoría era mortal, pero no porque lo fuera a tumbar la oposición sino porque la situación se podía complicar dentro del chavismo y aparecer algún *outsider* que complicara el tema. ¿Quién le podía dar entonces gobernabilidad a un gobierno que no es popular y que tiene fraccionamiento civil? Los militares. Es la única institución que puede garantizar la gobernabilidad, es más, basado en un alegato que tiene razón: ese gobierno es constitucional y no sacas a un gobierno porque no es popular, eso no existe en democracia.

—*¿Es un error someter a un gobierno a la prueba de la popularidad? Lo digo por el tema del referendo revocatorio.*

—Venezuela es loca con ese tema del revocatorio, en un país normal no existe, esa es una cosa que los chavistas metieron en la Constitución y ahora es un bumerán. En realidad no puedes someter a un gobierno a la tensión de ser popular, tiene que serlo cuando va a replantearse una elección para que gane su partido. Si conviertes al Presidente en dependiente de la popularidad no se pueden tomar decisiones difíciles para reajustar, rescatar equilibrios, ejercer acciones no populares que son vitales; eso es una desgracia.

Pero bueno, estando ese concepto en juego, ¿qué te queda si tú no eres popular? Te queda la búsqueda de la institucionalidad que te puede dar gobernabilidad en contra de unos actores opositores a los que temes. Porque el Gobierno es un inventor, crea fantasmas, crea enemigos, crea golpes de Estado, eso es verdad, pero también es cierto que hay golpistas. Esto no es una película de vaqueros donde todos los indios son malos y todos los vaqueros son buenos. El 11 de abril de 2002 Chávez estaba en su oficina tranquilito y lo sacaron, eso no era democrático. ¿Por qué tiene que confiar Maduro en que la oposición en un momento determinado, con una popularidad mermada, no intente sacarlo? ¿Cómo arranca el 2014? Puedes decir que es una manifestación de protesta popular espontánea o que es la inducción de una rebelión. Sin entrar al debate de si es justa o no, si es contra una dictadura o una democracia, es una rebelión. Entonces ¿por qué Maduro no va a creer que la oposición le va a hacer una rebelión si la han hecho varias veces? ¿Y no tiene derecho a defenderse?

Entonces tiene que buscar al sector militar como un sustituto de la popularidad, es la muleta para la gobernabilidad y claro, exige para cumplir esa función. Y ahí está el gabinete, que es el gabinete de un gobierno militar. El sector militar dependía de Chávez como Maduro depende del sector militar.

—*El 8 de diciembre de 2013 el país volvió a votar para elegir alcaldes. Las encuestadoras señalaban un mes antes de esta elección que Maduro había seguido perdiendo popularidad y que el partido de gobierno marchaba hacia una derrota. Sin embargo el 8 de noviembre de 2013 Maduro ordenó en cadena audiovisual la ocupación de la red de tiendas Daka y que todos los productos se pusieran a la venta de inmediato a precios justos: «Que no quede nada en los anaqueles, que no quede nada en los almacenes. Ya basta». El Dakazo se enmarcó en la narrativa de la «guerra económica», un concepto que empezó a utilizarse con fuerza por voceros del Gobierno a partir de agosto de 2013 y que responsabiliza al sector privado de la escasez y la inflación. Nicolás Maduro y el PSUV se recuperaron lo suficiente durante el último mes de campaña para anotarse una victoria. ¿Por qué el Dakazo fue tan exitoso?*

—Otra vez, recuerda que estás hablando de un elector básico, sin demasiada capacidad de pensamiento abstracto; necesita mensajes directos. Ya el Gobierno había dicho que el problema del país era la guerra económica, Chávez fue quien comenzó con ese cuento. Y esta narrativa comienza a perder credibilidad y en agosto de 2013 en efecto están perdiendo, había una probabilidad gigante de que la oposición ganara las elecciones municipales.

Henrique Capriles asume el rol de dirigir la campaña hacia las elecciones municipales, porque hace una lectura que era correcta: la oposición necesitaba un líder, él era su líder, había trastabillado con el tema de la derrota contra Maduro porque más allá de si tenía o no que hacerlo, el decir que era un fraude pero no cobrar tiene un costo. Y él tenía toda la razón del mundo, irse a la calle era una locura, porque podía tener los votos pero no necesariamente las armas; para Capriles era un desastre hacer una convocatoria de ese tipo.

—*Henrique Capriles nunca pudo demostrar que hubo un fraude cuando perdió con Maduro.*

—Yo ni siquiera me voy a meter en esa historia. Lo que quiero decir es que aun teniendo razón, tienes un costo. Porque si tienes razón pero no puedes cobrar, ¿qué percibe el país? Que tú no eres capaz de cobrar un triunfo; ¿entonces para qué te voy a seguir?

—*Eres un líder débil.*

—Yo no lo quiero culpar a él, eran las circunstancias, había un costo involucrado y le costó popularidad, respaldo popular y le abrió caminos a Leopoldo López para surgir como líder alternativo, que López ni siquiera estaba en el mapa, era un líder totalmente secundario, estaba en el desierto. Pero Henrique Capriles considera que había la posibilidad de ganar las elecciones municipales y venderlas como un plebiscito. Y en el momento en que lo hace tiene todo el sentido del mundo, lo que pasa es que el Gobierno juega duro y crea el Dakazo.

—*¿Por qué el Dakazo sirve para voltear las tendencias electorales?*

—Lo que pasa con el Dakazo es que el Gobierno abandona un discurso abstracto de la guerra económica por uno concreto. La primera pata de ese discurso es que puede mostrar la factura de 100 bolívares que los comerciantes vendían en 1.000 porque son unos especuladores. No inventaron la factura, inventaron la historia. Me explico, en ese momento las operaciones en el mercado negro de divisas eran ilegales, pero tampoco estaban entregando dólares suficientes para traer mercancía, por ende mucha gente operaba en el mercado negro para garantizar abastecimiento y valoraba la mercancía de acuerdo a este tipo de cambio, que en ese entonces era de 30 bolívares por dólar.

Cuando liquidaba en la aduana, ¿a qué precio liquidaba? Al tipo de cambio oficial de 6,30 bolívares, porque no podía decir que había ido al mercado negro. Pero el precio se fijaba de acuerdo al dólar negro y los costos. Entonces aparecía una factura donde por ejemplo tú pagaste 100 bolívares por una mercancía y la estabas vendiendo a 1.000. ¿Qué puede percibir Yubileizy en el barrio 5 de Julio cuando ve una factura de 100 vendida a 1.000? Que es un ladrón, un especulador, un bicho que la está robando; que también habría.

Pero el Gobierno sabía que toda la mercancía que entraba por la aduana por parte de importadores a los que no les había entregado divisas, ingresaba gracias al mercado negro y lo permitía para garantizar el abastecimiento. Pero después se aprovecha. Por eso no hay ningún amparo en contra del Gobierno cuando liquida las mercancías. Esa liquidación de Daka y de todas las compañías que liquidaron era ilegal. Porque no puedes hacer un remate de mercancías sin haber pasado por un juicio. Eso es como que venga para acá ahorita mismo una comisión y remata todos los activos de mi casa porque dice que yo soy un corrupto sin que vaya para juicio. ¿Y qué pasa si después yo voy a juicio y salgo inocente? Robaron mis bienes.

Y la otra parte del éxito del Dakazo es que ejecuta, saca la mercancía a la calle y la vende. Además el discurso es de Maduro. Es la primera vez, cuando aparece en cadena nacional con el tema de Daka, que asume la Presidencia de la República. Se presenta en la pantalla y dice: «Aquí están los militares respaldándome y yo ordené la liquidación de la mercancía al pueblo». ¿Qué es? Autoridad, demostración de respaldo militar y primera vez que tiene un discurso que era él, no era Chávez, y fue exitoso.

—*Usted ha señalado que la narrativa de la guerra económica ha perdido respaldo. Llama la atención que esa narrativa se fundamenta en creencias que parecieran muy arraigadas entre los venezolanos como que los comerciantes compran barato para revender bien caro y obtener ganancias groseras, que eso explica la inflación. El precio resulta de lo que se quiere ganar menos el costo, de allí que hay que regular la ganancia. ¿Por qué perdió respaldo?*

—Vamos a analizar el discurso de la guerra económica. Si revisas la mayoría de las investigaciones que se han hecho en el mundo sobre el tema del poder verás que una de las cosas fundamentales es culpar al otro de todo, de entrada. Construir una historia que siempre es culpa de otro, porque los costos políticos provienen de la percepción de responsabilidad. Si la gente no percibe tu responsabilidad, los costos políticos se reducen. Usualmente el líder está buscando una excusa que desvíe la atención y concentre la rabia o la responsabilidad en un tercero. La guerra económica era eso: la construcción de un culpable. Esta historia contaba con una ventaja: por supuesto que hay especuladores, acaparadores, contrabandistas, sobrefacturación de divisas, gente que compraba barato y vendía caro. Está contada alrededor de cosas que son verdad. Y eso le da fuerza, porque si fuese una loquera que no tiene pies ni cabezas y ningún conector, sería muy difícil venderla.

Existe todo lo que el Gobierno llama guerra económica, lo que no es cierto es que es la causa de la crisis, es una consecuencia. Hay contrabando porque hay un diferencial de precios por los controles, eso es un tema clásico de la economía. Claro que hay especulación y acaparamiento, no hay suficientes dólares y nadie sabe si habrá reposición. Si prohíbes la repatriación de dividendos a empresas extranjeras y les asignas divisas sobre las mercancías que traen de la casa matriz, obviamente que va a haber manipulación en los precios de transferencia para sacar los dividendos que no dejas repatriar. Todas esas distorsiones son hijas del control de cambio y del control de precios.

Claro, el Gobierno culpa a eso porque cree que el control es bueno y que los malos son los que se liberan a través de mecanismos indirectos. Es un clásico. Von Mises planteó hace cientos de años que cuando controlas, inmediatamente vienen las distorsiones. Entonces controlas para tapar las distorsiones y después no puedes parar. Vas controlando y controlando.

Pero lo que mata la efectividad del discurso de la guerra económica es el tiempo. Si dices hoy que el culpable es la guerra económica y el año que viene repites lo mismo fracturas a la opinión pública en dos bandos: un grupo que ya no te cree y otro que comienza a pensar que tú no eres el general para conducir esa guerra. Y ambas tendencias te afectan en términos de popularidad.

—*¿Hoy cuál es el respaldo de la guerra económica?*

—76 % no cree que la guerra económica sea la responsable de la crisis económica, a agosto de 2015. Eso no quiere decir que todos los que no lo crean, creen que el culpable es Maduro, puede haber otras cosas; pero es contundente, tres cuartas partes de los venezolanos no creen ese concepto. Ahora, 60 % no lo creía antes del Dakazo y lo voltearon con ese evento.

—*El Gobierno ha iniciado un nuevo frente en el sentido de cerrar la frontera con Colombia, declarar estado de excepción, señalar que hay escasez por el contrabando. ¿Esto forma parte de la estrategia electoral?*

—Yo creo que el Gobierno está intentando una estrategia de desvío distinta a la que ya no está funcionando, el *story teller* otra vez está activo, aunque esta historia no es tan explotable como el Dakazo. ¿Dónde hay algo concreto? En la frontera. De un abstracto (la guerra económica, los imperialistas, los oligarcas, los marcianos) pasaste a una cosa muy concreta: un contrabando que sí existe, una mafia que sí existe, unos paramilitares que sí existen, unos colombianos ilegales que sí existen; todo eso existe. ¿Qué parte de la historia no es verdad? Que eso explique la crisis de Venezuela.

Pero, otra vez, para una señora en un barrio que no consigue leche o que hace cinco horas de cola, cuando ella ve un litro de leche saliendo por la frontera, es su litro de leche. Entonces estás dándole concreción a la denuncia y el cuento es estelar: «Nosotros hacemos un sacrificio gigante para que haya leche, azúcar, café, para producirlo o traerlo al país y lo subsidiamos para que el pueblo lo pueda comprar. Hacemos un sacrificio horrible incluso en medio de una crisis petrolera pero unos desgraciados en la frontera agarran tu leche, tu azúcar y tu café y se llevan la mercancía». Eso es una historia divina.

—¿*Cree que eso va a tener el mismo éxito que la guerra económica llevada a la concreción tan palpable como que podías ir a una tienda y comprar electrodomésticos a precios de dólar subsidiado?*

—Tendería a pensar que no; pero no creo que esta sea la única acción que el Gobierno va a hacer, esto tiene que formar parte de toda una estrategia de campaña que probablemente incluya traer mercancía de otros países, Brasil, China, pero vincularla al cierre de la frontera. Hacer algunas importaciones, que no se realizaron en el primer semestre, y decir hay carne, leche, porque paramos el contrabando de los colombianos. Pero siendo sinceros hasta ahora el movimiento en Puerto Cabello y La Guaira no parece indicar que estamos viendo un aumento de las importaciones que podrían rescatar el abastecimiento durante la campaña.

Segundo, disparar con rifle a los líderes opositores. Ya hay semanas donde nadie está hablando de escasez, inflación, devaluación; el debate es la frontera, los derechos humanos, la sentencia a Leopoldo López; el barco se reorientó para otro lado donde el Gobierno tiene más maniobrabilidad. Puedes partir la opinión pública sobre la frontera; incluso sobre Leopoldo López. Pero no sobre la escasez, el desabastecimiento, la devaluación; porque a estas alturas del partido ese desastre es culpa del Gobierno.

—*Algo que llama la atención es que según una encuesta de Datanálisis con datos a abril 2015 el sector público es el principal responsable de la actual situación del desabastecimiento y de si empeora. De la misma manera tiene una menor evaluación que el sector privado en el esfuerzo por mantener los mercados surtidos. ¿Por qué el Gobierno no logró desprestigiar al sector privado y ahora es visto como responsable?*

—Chávez atacó al sector privado y fue él popular, pero nunca logró desprestigiarlo más que algunos puntos. En términos generales en la evaluación de gestión por el bienestar del país el sector privado está tercero, cuarto, siempre por encima del Presidente, con mejor evaluación que el Gobierno. Durante mucho tiempo el sector mejor evaluado fue la banca porque a través de ella se repartían las misiones. Y el industrial porque en definitiva la población sentía que era el único que le podía garantizar abastecimiento, aparte de que genera empleo.

Aquí pasaba algo similar al cuento del carajito de 18 años que aparece en casa de los papás con una novia de 34. Yo no sé qué va a pasar en una casa normal, pero sé lo que va a pasar en la mía: yo soy un tipo *open mind*, entonces lo máximo que yo voy a hacer es tomarme un whisky con la señora. Pero mi esposa va a iniciar una guerra a muerte contra la «bruja» que le está sonsacando a su carajito. ¿Qué hace él? Oye a la novia, pero no va a dejar de querer a su mamá; oye a la mamá pero no va a terminar con la novia; él establece una rarísima relación triangular donde se blinda de los ataques entre las dos. No la va a pasar bien, pero no cambia sus posiciones por esa batalla. Y eso es un poco lo que hace el pueblo con Chávez y el sector privado, porque los quería a los dos.

¿Pero cuándo se acaba este esquema? Cuando la mamá cachetea a la novia o la novia cachetea a la mamá en medio de la sala, porque allí el carajito tiene que decidir y probablemente lo hará por el agredido. Entonces el riesgo estaba ahí, en que existía un triángulo, y por eso Chávez fue tan cuidadoso con el sector empresarial, que no lo fue Maduro. Es decir, Maduro se pasó de la raya que no cruzó nunca Chávez; lo atacaba, les decía de todo, pero no los tocaba.

—*Pero Chávez expropió empresas.*

—Hizo expropiaciones, pero no lo vendió nunca como una acción globalizada contra el sector privado. Primero compró a una cantidad de empresas y cuando expropió armó una historia, que se trataba de una empresa que maltrataba a los trabajadores, que iba a expropiar a una empresa sagrada. No era la revolución cubana tomando para el Estado la producción privada, él estaba haciendo una historia distinta porque no podía pasarse de la raya. Maduro no expropia pero se pasa en acciones, y ese elemento en mi opinión, lejos de ser positivo, terminó siendo negativo.

—*¿En qué consiste esa acción que es pasarse de la raya por parte de Maduro?*

—Se pasa desde el Dakazo, que es una acción popular pero después ya en febrero-marzo del año siguiente la población comienza a pensar que estas intervenciones habían limpiado los inventarios y que no iba a haber productos. Él aprovechó el *momentum* de la elección pero después asumió el costo, que era perfectamente predecible. Luego está el hecho de que no les entrega dólares.

—*¿El haber dicho «ni un solo dólar para Fedecámaras»*
lo perjudicó?

—¿Qué creo yo cuando no consigo jabón de lavar y Maduro dijo que no les iba a dar dólares a las empresas? Al final se asumió la responsabilidad y no hay productos.

—*¿La población no relaciona a Hugo Chávez con la situación actual de la economía?*

—Chávez está inmune. Es una especie de Marilyn Monroe, que murió bella, joven y famosa; y se creó el póster. ¿Quién va a tener el póster de las actrices que estaban de moda en la época de Marilyn Monroe que murieron a los 90 años viejas y arrugadas? Nadie, pero el de Marilyn Monroe y James Dean, que se mueren jovencitos, bellos y populares, eso inunda al mundo. Bueno, Chávez se quedó congelado como Marilyn Monroe y nadie le echa la culpa de lo que le pasa a Maduro.

—*¿Nadie hace una conexión entre el modelo económico de*
Chávez y la crisis actual?

—Los que hacen la conexión entre la crisis actual y Hugo Chávez son los opositores, así lo han hecho siempre. La mayoría de los opositores odian a Maduro pero odiaban más a Chávez. Sienten que Chávez es la fuente del problema, la raíz del problema; el resto de la población culpa a Maduro, incluyendo los independientes, que siempre confiaron en Chávez más de lo que la gente cree, y todavía hoy lo hacen. Es la única manera de que Chávez tenga 56 % de aprobación de gestión de su gobierno.

—*¿Qué pregunta en concreto evalúa hoy la imagen de*
Chávez?

—¿Cómo evalúa usted la gestión del presidente Chávez por el bienestar del país cuando fue presidente? En agosto tenía 32 puntos más que Maduro.

—*Pero la realidad es que buena parte de los problemas que tiene Maduro los heredó de Chávez.*

—Ve a decírselo a Yubileizy. Te va a decir que Maduro es un...

—*Entre otras cosas el problema de Maduro es que no puede culpar a Chávez.*

—No, él jamás. Está preso. Por eso tiene que regresar al legado de Chávez. Por eso su riesgo más importante ni siquiera es la oposición. El debilitamiento de su liderazgo hace que corra riesgos dentro del chavismo. Porque al final de cuentas es más probable el surgimiento de un *outsider* que intente repegarse al legado de Chávez, que sigue siendo popular, que la oposición.

—*¿Qué ha pasado con el respaldo a medidas como control de precios, expropiaciones, restricción de divisas al sector privado?*

—Todas son negativas. Si ves los números de la última encuesta la población rechaza las expropiaciones, rechaza las intervenciones, rechaza las acciones de control sobre los canales de distribución, rechaza el control que tiene el Estado sobre las empresas, siente que las empresas privadas hacen una labor infinitamente mejor que el Estado en la garantía del abastecimiento.

—*Pero allí están rechazando el modelo de Chávez, todas esas cosas que acaba de nombrar son herencia de Hugo Chávez.*

—Otra vez estás usando tu capacidad de pensamiento abstracto para interpretar a una población que no la tiene. ¿Qué es el modelo de Chávez? Pregunta en el barrio y nadie te va a describir lo que tú describiste. Esa no es la descripción de la población básica. El modelo de Chávez es un carajo arrecho, carismático, que hablaba como ellos, que se preocupaba por ellos, que les entregaba viviendas, que construía vainas, que les daba subsidios, que tenía misiones, que rescató a Bolívar, que era simpático; que cambiaba de ministros en cadena nacional y los hacía participar; ese es el modelo de Chávez. Bueno, eso sigue siendo popular.

Al final de cuentas, ¿qué es el legado de Chávez? Un constructo artificial porque tampoco Chávez tenía un modelo muy estructurado. Ahora hay unos partidos rebeldes del chavismo que dicen que no se puede devaluar porque se rompería el legado de Chávez y Chávez devaluó ene veces. Dicen que no se puede negociar con el sector privado y Chávez negoció mil veces con el sector privado en crisis; también era un hombre pragmático.

—*¿Hoy en día Fedecámaras y empresas emblemáticas como Polar tienen un amplio respaldo por parte de la población en pleno socialismo del siglo XXI?*

—Hay que entenderlo en una perspectiva distinta a la convencional, no es Fedecámaras como un dirigente político, es utilitario. La población reconoce que el sector privado es más productivo que el sector público. Entiende que las expropiaciones lo que han generado es menos producción, más corrupción y menos eficiencia. Cuando se pregunta ¿cómo cree usted que están las empresas expropiadas hoy?, más de 78 % dice peor. Ocho de cada 10 venezolanos incluyendo chavistas. No es que creen, es que saben, porque expropiaste las cementeras y no hay cemento, expropiaste Sidor y no hay cabillas, expropiaste empresas de leche y no hay leche, expropiaste las azucareras y no hay azúcar. ¿Entonces qué esperabas que ocurriera? La gente obviamente siente que el proceso expropiador ha sido negativo para ellos.

Entonces el sector privado toma una preponderancia utilitaria. No es que te quiero porque pienso que eres bueno, es que siento que la empresa privada es indispensable para garantizar empleo, abastecimiento y desarrollo. ¿Qué es lo que más me importa en la vida? Yo y mi familia. Y estamos claros en que esas expropiaciones han sido negativas en mi vida. Entonces quiero al sector privado protegido porque es la forma de garantizar un mayor abastecimiento en el mercado.

El sector privado como institución es muy bien evaluado y Empresas Polar es por mucho la empresa más prestigiosa y respaldada en el país.

—*¿Si las elecciones para la Asamblea Nacional fuesen hoy (14 de septiembre de 2015) la oposición podría ganar las dos terceras partes de los diputados?*

—No sé si ganaría la mayoría calificada porque tenemos encuestas nacionales; en noviembre es cuando vamos a realizar encuestas por circuitos que nos darán una información más rica para proyectar diputados. No se pueden proyectar diputados con números nacionales porque existe una distribución no equivalente de los diputados por votos.

El número de diputados depende de dónde sacas los votos. En este momento yo tengo una diferencia importante de 25 puntos porcentuales entre el Gobierno y la oposición. Sobre el 52 % de los electores que dicen estar completamente seguros de votar, creo que eso va a ser más pero ahora no estamos en campaña, si ese 52 % votara y reconvertimos a 100 % surge una diferencia de 25 puntos porcentuales a favor de la oposición. ¿Eso se traduce en mayoría calificada o simple? No lo sé. La oposición sería favorita a ganar esas elecciones, esa es una realidad concreta.

Tiene opción de ganar la mayoría calificada porque es muy amplia la brecha, pero en campaña podría reducirse. A pesar de la crisis vamos a ver al Gobierno en acción y por muy afectado que esté siempre tiene algunos elementos para reducir la diferencia. De aquí a diciembre hay mucho tiempo. Maduro perdió 20 puntos en un mes. ¿Qué puede pasar en tres meses? La oposición arranca como favorita pero no sé si aparece un cisne negro que mueva o estremezca el mercado como ya ocurrió con el Dakazo. Pueden pasar algunas cosas y cambiar la historia.

—*Ha explicado que el voto de los independientes es indispensable. ¿Cuál es la imagen de la oposición en este segmento, es vista como una alternativa para gobernar al país?*

—Todos necesitan el voto independiente. ¿Cómo es la imagen de la oposición entre los independientes? Todo va a depender de cómo sea la campaña. Hasta ahora la oposición no tiene un conector tan sólido con este grupo, es más un rechazo y un voto castigo que una aprobación de la oposición. Sin embargo hay que entender que la oposición ha pasado por un momento muy complejo que la ha obligado a un esfuerzo muy grande para mantenerse unida y el Gobierno la ha provocado de todas las maneras posibles. Si tuviese que evaluar diría que lo ha hecho bien en términos de evitar la división.

Es normal que en la oposición haya diferentes visiones y que se presenten conflictos alrededor de ese proceso. En la democracia es sospechoso cuando no hay diferencia de opiniones porque la democracia no es un sistema de consenso, es un sistema para dirimir el disenso. Ahora, han tenido tantas provocaciones que dedican 100 % del tiempo a mantener la unidad y 0 % a decirles a los independientes por qué es que tienen que votar por ellos.

—*¿La oposición es percibida por los independientes como una opción real de poder que puede tomar las riendas del país?*

—Creo que ni siquiera se lo han planteado. Están ahora debatiéndose entre votar o no. Si votan probablemente el voto castigo estará en el juego. Después tienen que ser enamorados y ese paso no está hecho. No han pensado siquiera en la capacidad de la oposición para eso.

Lo cual tiene doble arista, la arista del pensamiento de si la oposición es o no capaz y el segundo es qué va a hacer la oposición si gana en un país destruido con la necesidad de tomar programas de ajustes que son costosísimos en el plano social y económico sin el soporte de fondo para hacerlo, porque ganar no te da soporte de fondo.

—*Eso en caso de que la oposición efectivamente llegase a tomar el poder.*

—Claro, no me refiero solo a la elección parlamentaria. Al día siguiente de esa elección, si la ganara, los radicales de la oposición van a convocar a un referendo revocatorio, otros van a decir que eso fue un plebiscito y hay que sacar a Maduro inmediatamente y dentro del chavismo también puede haber fractura, surgir un grupo que crea que hay un riesgo de que esa derrota ponga inestable al Gobierno y piensen que hay que sustituir a Maduro desde el chavismo. Todo eso se puede desencadenar.

—*¿Desde su punto de vista si la oposición gana la mayoría simple o las dos terceras partes se puede esperar que el gobierno de Maduro colapse y se inicie un ciclo de cambios políticos que desencadenen el fin de la revolución?*

—Si la pregunta es si puede ocurrir, la respuesta es por supuesto que sí. Eso no quiere decir que va a ocurrir, pero es un escenario. Porque una derrota relevante del chavismo en la elección parlamentaria muestra una debilidad importante del Presidente que va a generar presiones de los radicales opositores. Lo más probable es que planteen esto es ya y no hay un solo día más en que se puede dejar a Maduro en el poder. Por su parte los moderados de la oposición seguramente dirán que es mejor negociar y estabilizar un programa de ajuste.

Al mismo tiempo es previsible que entre los que soportan al gobierno de Maduro pero que tampoco lo quieren, porque hay muchos que no lo quieren, surja el planteamiento de que la única manera de permanecer en el poder es sustituir al Presidente desde el chavismo, que vale la pena provocar algunos cambios, incluyendo a Maduro, antes de que eso ocurra por otra vía. Se desencadenan muchísimos acontecimientos incluso institucionales. Está el antecedente de lo que pasó con Cipriano Castro, se enfermó, se fue, los militares coquetearon con Gómez y el Tribunal Supremo de Justicia de Castro lo destituyó, un mes antes nadie hubiese soñado que eso era posible.

Mira a Chávez que gana las elecciones en 1998 y en 1999 pide una Asamblea Constituyente a un Tribunal Supremo de Justicia adeco-copeyano, totalmente contrario a él, y se la aprueban. ¿Cómo podían pensar los que controlaban ese tribunal que no iban a poder evitar que Chávez llamara a algo que no estaba ni en la Constitución? El punto es que esos magistrados notaron que quien tenía el poder era un nuevo actor con el que tenían que negociar. Maduro derrotado tiene un problema, las instituciones pueden sentir que ya no es el hombre más fuerte del juego y no estar seguras de que tienen que apoyarlo ciegamente como lo han hecho en el pasado.

—*¿Aun con un triunfo las posibilidades de división en la oposición entre radicales y moderados van a estar presentes? ¿Qué ocurriría en caso de una derrota?*

—En la oposición un triunfo de Maduro genera una dinámica de división. Algunos actores van a creer que hay que ir directo a la yugular sin tiempo que perder porque es el *momentum* en el que se debilita y vale la pena aprovechar ese mensaje que entrega la población. Los institucionalistas van a considerar un referendo revocatorio y algunos, más radicales, acciones para presionar la salida o la renuncia del Presidente. Eso va a pasar en la mente de los más extremistas opositores.

Otros van a pensar que la convocatoria a un referendo revocatorio, ni hablar de una acción radical, es peligrosa para la propia oposición. Primero porque es un pulso que no necesariamente va a ganar, incluso tras un triunfo en las elecciones parlamentarias no es seguro que tenga la fuerza para ganar un referendo. Lo segundo, y quizás lo más importante, es que pueden pensar que no es una buena idea tomar el poder inmediatamente porque hacerlo implica asumir el reto de reconstruir la economía y eso pasa por unos costos políticos brutales. Este grupo puede considerar que si gana un referendo y luego llega al poder bajo las expectativas de que va a haber mejoras en la calidad de vida y lo que hace es tomar medidas de ajuste, se pagará un alto precio. ¿Cuánto tiempo puedes ser estable cuando la gente tenía una expectativa distinta? Pregúntale a Carlos Andrés Pérez.

Los opositores moderados pueden pensar que vale la pena balancear poder y presionar desde la Asamblea Nacional para que se hagan los ajustes que son necesarios, con el tema de la aprobación del presupuesto, créditos adicionales, nombrar poderes públicos e incluso podrían llegar a la amenaza del juicio o *impeachment* del Presidente ante la incapacidad de tomar decisiones económicas que son fundamentales pero con él, que es el único mecanismo que te permite negociar con chavistas, con militares, con el país, para conducirte establemente a un punto mejor en el cual puedes ganar unas elecciones.

Estas dos posiciones que he descrito ya dividen a la oposición y lo peor es que los radicales no necesitan a los moderados para convocar a un referendo y a los moderados no les va a ser simple salir a la calle y decir que este no es el momento para sacar a Maduro, están presos de los radicales. Eso va a complicar el panorama político y va a generar conflictos interinstitucionales importantes en un triunfo opositor. No digo que eso sea malo, simplemente que es un hecho a considerar.

En caso de salir derrotada, la oposición se va a frustrar en la masa, porque perder después de una ventaja de 25 puntos es demoledor. Y una vez que tengas demolida la confianza de la base de soporte opositora la pelea interna para culparse por la derrota será gigante. El planteamiento radical frente a los moderados va a ser: «Te lo dije, nunca he creído en elecciones viciadas (porque por supuesto todo el mundo dirá que hubo trampa). Fuiste a una elección y no me apoyaste cuando yo fui a los procesos de protesta real contra una dictadura. Claro que nos hicieron trampa, pero es tu culpa esa trampa».

Esa va a ser la visión más dura de la oposición y el otro bando podrá seguir diciendo que los radicales no tienen ninguna fuerza, que no tienen armas, que no es democrático, que hay que ir a una elección, que te hicieron trampa pero hay que seguir la lucha. Eso es demoledor.

—*¿Y el Gobierno no puede desconocer la Asamblea, hacer que el Tribunal Supremo de Justicia bloquee las leyes, decir que va a realizar reformas con los consejos comunales, en fin saltarse la institucionalidad?*

—Todo eso es posible pero es más difícil, porque ese escenario ocurriría después de que el Gobierno hubiese reconocido una derrota que además tiene que haber sido magistral, porque una derrota por un diputado o pocos votos no es tan grave. Pero una derrota real, significativa, no lo hace fácil. El Gobierno podría tratar de minimizar el impacto de la derrota pero al final tendría que plantear un conflicto de poderes con la Asamblea Nacional. Al final del día el Tribunal Supremo de Justicia podría no reconocer una decisión de la Asamblea pero la Asamblea podría destituir al Tribunal Supremo porque eso también está entre sus potestades. Y podría nombrar magistrados nuevos en el Tribunal y crear un juicio político en contra de todos los poderes morales. El Gobierno también podría disolver la Asamblea.

Eso es un escenario de conflicto e inestabilidad. Y Maduro estaría enfrentando ese escenario con un peso gigante en el ala de una derrota electoral. Todo es posible porque los escenarios son para ver las diferentes opciones, pero si fuera Maduro no me encantaría estar allí.

—*¿Cuál es el escenario en caso de que el PSUV resulte victorioso, una radicalización del Gobierno? ¿Avance del proyecto revolucionario?*

—Veo al presidente Maduro penetrando para hacer un *take over* del partido porque pienso que tiene problemas de control interno, pero si logra ganar esas elecciones y recuperar niveles de popularidad y fuerza puede avanzar, tomar decisiones más propias. No creo que vayamos hacia un modelo de ajuste económico moderno. Aquí la pregunta, aunque esto suene muy radical de mi parte y no me gusta, es cuál será el tipo de primitivismo. No está planteado debatir si va a ser moderno, va a llamar a los empresarios porque ya ganó y se va a recuperar la confianza. El tema es si será un primitivismo permeable o impermeable. El primitivismo impermeable es lo que la gente llama la radicalización total, se conduce hacia el marxismo en su máxima expresión primitiva. Se podría conducir a la toma total de los factores de producción, al control total de las importaciones y a la sustitución del aparato productivo privado por el Estado, para no sentirse dependiente de nadie.

—*¿Nuevas expropiaciones de empresas?*

—No va a tener que expropiar porque si sustituye las importaciones y las convierte en importaciones públicas los privados quiebran todos, van a darle gratis la llave de la empresa. Esa es una radicalización. También es una radicalización política, ese presidente con fuerza popular y visión controladora aumenta la concentración de poder porque las instituciones sí van a ceder más fácilmente frente a un líder que ha ganado unas elecciones.

Existe la posibilidad de que el Presidente se dé cuenta de que esa radicalización no lo lleva a ningún lado porque no resuelve el problema económico. Entonces el Gobierno podría optar por ir hacia una primitivización permeable. Más que marxismo, un corporativismo, que es la otra forma primitiva de ver el socialismo. Un modelo tipo Irán o la Alemania hitleriana, donde el sector privado permanece y puede ganar dinero pero termina siendo un *outsourcing* del Estado. Vende lo que dice el Estado, importa lo que se permite, saca dinero del país cuando se le autoriza, el Gobierno fija los precios en función de su estrategia nacional.

—*En buena parte ese esquema ya existe, hay control de precios, control de cambio, limitaciones para repatriar dividendos. ¿Qué es lo que aún no existe?*

—Lo que no existe es que el nacionalsocialismo funciona cuando el Estado permite que la empresa privada sea rentable. Lo que está sucediendo es el modelo sin rentabilidad, entonces no hay productos. El modelo con rentabilidad puede generar algo de producción. Alemania era productiva a pesar de que tenía ese modelo atrasado.

—*¿Esto es un corporativismo sin rentabilidad?*

—Sin sentido porque al final de cuentas si no me dejas ganar dinero yo me voy. No me puedes amenazar. ¿Qué me importa que me tomes la empresa si estoy perdiendo dinero como un desgraciado? Entonces el Gobierno también pierde el poder de negociación. ¿Por qué el Gobierno manipulaba a las empresas trasnacionales? Porque no querían que les tomaran las plantas, les quitaran las importaciones, les cerraran los suministros o no les pagaran sus dólares. Pero si no entrega divisas, cierra los suministros, controla los precios por debajo del costo de producción, cuando amenace le tiran una trompetilla, «agarra la empresa», como hizo Clorox. ¿Qué le importó a Clorox que el Gobierno se quedara con la empresa si se fue y el valor de mercado de la corporación en Wall Street subió mil millones de dólares y en Venezuela perdió 50 millones de dólares?

Hay un *trade off* indispensable para poder presionar al sector privado que es que él piense que está ganando dinero o piense que lo puede ganar si no se va. Si fulminas su deseo de permanecer, entonces no tienes ningún poder de negociación.

—*Hablemos de economía. El Banco Central de Venezuela ha dejado de publicar las cifras de inflación pero todo apunta a que el país vive la mayor aceleración de precios desde 1950. ¿Cuáles son las causas de la inflación y por qué ha dicho que la cura empeoraría la situación en el corto plazo?*

—Está vinculada a un déficit fiscal brutal que se generó cuando el Gobierno controló el tipo de cambio oficial a una tasa absurda, muy baja, de 6,30 bolívares por dólar. Como Pdvsa es el único generador de divisas del país, tiene que vender sus dólares a esta tasa para obtener los bolívares que necesita para pagarles a sus trabajadores, proveedores y las misiones, que cada vez son más caros. Como no le alcanza el dinero se hizo un financiamiento monetario del déficit, es decir, el hueco no se financió con producción ni reducción de gasto sino con dinero del Banco Central, que al entrar al torrente ocasiona una expansión de la liquidez real muy por encima de la capacidad de generación de productos e importaciones del país y eso crea inflación.

En adición tenemos unas expropiaciones tanto de empresas privadas como de importaciones y ambas son ineficientes. Expropiaste empresas y se redujo su capacidad de producción de forma dramática, si hay menos oferta aumenta el problema de inflación porque a menos productos es mayor el precio que están dispuestos a pagar los demandantes para conseguirlo.

Al incrementar la proporción de las importaciones que hace el Estado desde 10 % hasta alrededor de 60 % del total aumentó la ineficiencia y la corrupción, este es un tema clásico. Un millón de dólares entregado a Empresas Polar produce cuatro veces más volumen de alimentos que un millón de dólares de importación del Ministerio de Alimentación. Porque Polar produce con proveedores internos y cada dólar lo puede amplificar con bolívares para producir más bienes, en cambio cuando se importa la mercancía terminada se gasta el dólar completo porque todos los servicios que se producen en bolívares los pagas en divisas, entonces te alcanza menos. Sin contar con los elemento de corrupción que también están vinculados a las importaciones.

Además existen precios controlados por debajo del costo de producción. Entonces con todo esto tienes más inflación. ¿Cómo lo resuelves? Tienes que reducir el gasto público, cerrar el déficit fiscal, evitar el financiamiento monetario. Sincerar los precios que están rezagados, permitir que se desplacen porque de lo contrario no hay estímulo a la producción. Entonces la primera etapa para que luego te estabilices pasa por una subida en la escalera de precios, los precios tienen que ajustarse.

Lo que es difícil imaginarse es que ese proceso va a ocurrir con un modelo de Maduro estable porque como se ha alargado tanto la toma de decisiones los costos de salida son enormes. Por mucho que coloques subsidios y planes de apoyo, la población va a pagar porque no hay forma de salir ilesos.

—*Ya ha habido una desmejora importante en la calidad de vida. ¿Estamos en el punto máximo de la crisis?*

—No estamos en el clímax de la crisis porque no hemos visto el barco pararse por completo. El capitán quitó la energía del barco pero el trasatlántico venía a velocidad y hay una inercia, es muy pesado y no podías pararlo solamente porque le quitaras la gasolina.

—*¿Por qué se paró el barco?*

—El tema es básico, no tienes dólares que es la gasolina. El elemento central es que el barco funcionaba mal, era ineficiente, pero tenía gasolina porque la generaba el petróleo. Cuando cae el precio del petróleo ya es imposible seguir cubriendo la ineficiencia con dinero. Los marineros eran malos, se robaban la gasolina, gastaban más plata, las máquinas estaban desajustadas, pero como metías combustible el barco andaba. Una vez se acaba el combustible se fueron parando procesos. Se detuvieron los pagos, los proveedores cerraron los créditos, las casas matrices decidieron no seguir metiendo dólares en una cárcel, hay desconfianza, se desinvierte, va perdiendo capacidad productiva el país, se va trancando todo.

—*¿Y en qué consiste la inercia que aún mantiene al barco andando aunque a menor velocidad?*

—El barco sigue por inercia, el país también. Dejaste de darle dólares al sector privado, deterioraste la confianza, bajaste las importaciones. Un economista con esa data concluiría que el barco se para inmediatamente y explota la economía, pero no está considerando que hay inventarios, una cantidad de productos que estaban allí. ¿Por qué no se pararon todos los carros si no se están importando repuestos?

Porque no todos se echan a perder a la vez y había inventarios. Cuando se acaban los inventarios de las grandes tiendas se abre un mercado informal de repuestos y puedes comprarlos por internet. Además cuando eso termine hay importadores que traen los repuestos utilizando el dólar negro. Se generan subsectores que no son tan eficientes y tan grandes pero que siguen soportando procesos aunque aparentemente no tienes energía. Es como que prendes unas plantas.

Digo que no estamos en el clímax porque esas plantas también se van deteriorando y pierden potencia. Estamos en un país que ha logrado vivir de inventarios viejos, reorganizar procesos productivos, reducir portafolios, primitivizar el mercado, pero no está en cero. Está subsistiendo, es una economía en subsistencia.

—*¿Entonces lo que se puede esperar es que las condiciones empeoren en el corto y mediano plazo?*

—Veamos los elementos. No hay expectativas de incrementos relevantes de los precios del petróleo y como las exportaciones petroleras se cobran con tres o cinco meses de atraso, lo que va a ingresar durante el último trimestre de 2015 es lo que el país recibió cuando el barril estaba por debajo de 40 dólares, es decir, va a haber menor flujo de caja.

Las casas matrices decidieron cerrar los procesos de suministros de muchos de sus productos a las filiales en el país porque sienten que están metiendo sus dólares frescos en una cárcel. El Gobierno no tiene recursos para negociar ni siquiera montos parciales de la deuda comercial y está tratando de financiar importaciones a la vista, asignar dólares para lo que las empresas están importando ahora, pero eso es muy pequeño.

La inflación aumenta los costos de producción y se come los márgenes de rentabilidad. En Venezuela por muchos años los márgenes han sido más elevados que en otros países, las empresas ganan más dinero que en el resto de América Latina o en Europa. Eso está vinculado con el riesgo de la operación pero también con la incapacidad productiva del país, con la baja oferta, con la competencia pobre, con el tipo de cambio regalado por la sobrevaluación cambiaria, todo eso te generaba rendimientos relevantes. En una primera etapa la inflación reduce el rendimiento y las empresas protestan pero siguen trabajando. ¿Hasta cuándo? Hasta que la inflación y el modelo se comen todo el rendimiento o las ponen en pérdida.

Si no estamos esperando aumentos en el ingreso, tampoco una mejora en la confianza, si no está planteado que el Gobierno negocie precios para permitir incrementos severos, si no hay una estrategia de subsidios directos sino en dólares que terminan en la corrupción, si no hay una devaluación en el tipo de cambio y entonces hay demanda infinita de dólares en el mercado de 6,30 y de 12 y hay un gap gigante, el más grande en la historia del país, entre el dólar negro y el dólar oficial, ¿cómo es que la economía no va a estar peor en los próximos meses? ¿Cuál es la razón por la que uno tendría un argumento para decir que esto no va a empeorar?

Desde hace tiempo hay economistas inexpertos gritando «viene el Armagedón, el país explota», y resulta que pasa y pasa. No se equivocaron en el concepto, se equivocaron en el tiempo en que ocurriría, pero cuando la crisis llega es peor que como lo pensabas, porque cuando te paraste te comiste todo. Porque te imaginabas la crisis con el barco parado pero había energía en el tanque y si armabas un motín y quitabas al capitán podías prenderlo otra vez. Pero resulta que puedes hacer el motín que te dé la gana, pero en la mitad del mar no tienes gasolina. Te comiste la gasolina y te quemaste todas las energías alternativas, entonces la crisis es de la *madonna*.

Y más allá está el tema político. ¿Qué es lo que puede terminar pasando, que es la tesis alternativa a la crisis de esta magnitud? Que cuando los pasajeros se molestan porque el barco se paró y finalmente ven la magnitud del problema, normalmente se voltean a echarle la culpa al capitán y hay un cambio de capitán. Entonces llaman por radio y viene una gente al rescate con unos remolcadores y unos tanques, le echan gasolina prestada y lo arrastran y te lo cobran y pasas trabajo.

—*¿Esos remolcadores son el Fondo Monetario Internacional?*

—Esos remolcadores son el Fondo Monetario Internacional, el Banco Mundial, el mercado internacional cuando siente que hay una oportunidad hacia el futuro y entonces decide que como hay un cambio en la estructura mental y en la forma del Gobierno vale la pena apostar, te prestan porque vas a mejorar y vas a poder pagar y ellos van a obtener grandes ganancias.

—*¿La economía va a empeorar justo antes de las elecciones, esto no es un problema adicional para el Gobierno?*

—Hay una diferencia entre la complicación de la economía y la percepción de complicación. La economía se puede estar deteriorando y tú puedes crear un perceptual de mejora por un tiempo relativamente corto. Hay quienes dicen que la población no se lo va a creer pero en verdad la gente cree muchas más cosas de las que uno piensa que puede creer y todo depende de cómo se porten el vendedor y su adversario. El Gobierno controla las comunicaciones, es verdad que dispone de menos dólares pero bolívares tiene. Puede concentrar un *boom* de expectativas en un periodo relativamente corto de tiempo, eso no es sostenible pero sí es posible de generar antes de una elección.

Eso no quiere decir que van a cambiar las tendencias y el Gobierno va a ganar, nuevamente al día de hoy no soy capaz de predecir. Puedo decir que la oposición por primera vez en 16 años es la fuerza mayoritaria favorita para ganar la elección, no lo fue ni siquiera cuando ganó en la convocatoria a la reforma constitucional, ni siquiera en ese momento arrancó favorita. Nunca habíamos visto ni siquiera a Chávez con una magnitud de este tipo en contra de la oposición; la oposición está por encima de lo que Chávez estuvo en su mejor momento en contra de ella, eso es llamativo. Tal vez yo peco aquí y será bueno leer este libro en varios años para entender cuán cuidadoso me hizo ser en las proyecciones electorales el haber visto al chavismo ganar tantas veces. A lo mejor estoy sesgado, no por un interés particular sino por la habituación, por lo que en *marketing* se llama el paladar de haber visto tantas veces cambios importantes en la opinión pública.

—*¿El trasfondo de esta crisis no es una implosión del modelo económico y no hay manera de salir de aquí sin un cambio estructural, los desequilibrios son tales que es imposible resolverlos sin desmontar el esquema de control total de la economía?*

—El modelo antes era malo pero ahora además es inviable. El tema es cuándo. Un año, cinco, yo no soy capaz de decirte cuánto va a durar pero sí sé que esto es insostenible en el largo plazo, a menos que, y ese menos no es chiquito en Venezuela, el precio del petróleo se recupere significativamente porque entonces todo lo que estamos hablando es irrelevante porque al final la economía será una porquería pero la puedes financiar, importar, maquillar, que es lo que ha ocurrido desde hace años. Esto no es muy distinto salvo que ahora no tienes dinero, el rey quedó desnudo porque bajó la marea.

Hay dos escenarios. El primero es que el modelo es inviable y camina hacia un ajuste, aunque sea parcial, que culmina probablemente en un cambio de Gobierno o en un cambio de modelo, es decir, una ruta larga y penosa pero hacia la solución del problema por la vía más racional, pero no es la única ruta. No comparto la tesis de los economistas que plantean que a juro vamos hacia un modelo mejor porque se puede ir a uno peor que puede durar otro tiempo y generar oxígeno. Y ese modelo peor es el control total de la economía. Por ejemplo podríamos ver a un Estado dándoles una patada a las empresas de medicinas, no pagarles nada de lo que les debe y construir un monopsonio como en Cuba, comprando él directamente las medicinas en el exterior. ¿Eso es eficiente? No. ¿Va a construir un país? No. ¿Va a crear desarrollo? No. Pero te puede dar oxígeno por un rato.

Es un país que se primitiviza. Los economistas nos solemos encajonar en que eso no es posible porque económicamente no funciona, pero te olvidas de un pedazo de la historia, que la sociedad se puede habituar a vivir primitivamente y cuando lo hace necesita menos dinero.

—*¿A esta sociedad se le haría habitual ver empresas cerradas por falta de materia prima, los trabajadores enviados a sus casas?*

—¿Te imaginas la cantidad de economistas cubanos que dijeron hace sesenta años que el modelo era inviable, que era imposible sostenerlo, que eso explotaba y venía un cambio hacia la modernidad? Bueno, a lo mejor sesenta años después gritan «te lo dije, tuvieron que negociar con Estados Unidos». Y los Castro siguen en el poder. Claro, puedes argumentarme que las condiciones son distintas, pero lo que trato de decir es que no es tan simple como analizar el modelo económico y concluir que esto va a explotar y es insostenible. Muta, cambia, pero esa mutación que todo el mundo percibe como positiva también puede ser negativa, ir hacia atrás.

—*En este país la gente vota y el Gobierno tiene que enfrentar elecciones, esa es una diferencia muy grande con el sistema cubano.*

—Te vuelvo a responder con Cuba. Cuando eso pasó en Cuba la gente también votaba. Todo el modelo de la revolución cubana se montó en búsqueda de una elección. Aquí en Venezuela vivió un favorito a ganar las elecciones de Cuba que era Felipe Pasos, quien fue director del Banco Central de Venezuela y fue el primer presidente en el Banco Central de Cuba con Fidel Castro. Se generó la expectativa de sustituir una dictadura por una democracia revolucionaria.

Nuevamente no te estoy diciendo que no se van a producir cambios, lo que digo es que los cambios que se van a producir pueden ser buenos o pueden ser malos. No es una sola dirección, puedes terminar en una concentración mayor del poder, en una dictadura, en un monopsonio. No digo que vaya a pasar pero es simplista pensar que nosotros solo podemos mejorar, cambiar a mejor, no es verdad.

—*Hablando de la economía con una visión más micro, existe la percepción de que los más golpeados por el impacto de la crisis y que el barco se ha ido parando es la clase media. ¿Los sectores populares sufren menos esta crisis?*

—El impacto obviamente porcentual, no en términos absolutos, en la vida de la clase media es infinitamente mayor que en el estrato más pobre. Están los compensadores sociales del Gobierno para la clase más pobre, la venta de alimentos a precios subsidiados por las importaciones con el dólar al tipo de cambio de 6,30 bolívares. Aunque la mayoría se pierda en corrupción, algo llega. Además hay transferencias, misiones.

Hay un segundo elemento que en mi opinión en este momento es más importante. Cerca de 30 % de la población de estrato E, que es la población más pobre del país, donde están más de 40 % de los venezolanos, manifiesta participar directamente en la reventa de mercancías, lo que se llama bachaqueros. No todos son bachaqueros exclusivos, algunos complementan su actividad convencional, puede ser una secretaria que el viernes hace la cola en un supermercado y revende el fin de semana. No tengo el porcentaje de la división entre quienes son bachaqueros a tiempo completo y cuáles de manera parcial. El 30 % del estrato E equivale a 12 % de la población total del país. Pero hay que tomar en cuenta que el nivel de dependencia es de dos a uno, es decir, una cuarta parte de los venezolanos y más de la mitad del estrato E se benefician del bachaqueo.

El segundo elemento es que más de 40 % de la población venezolana según los datos oficiales se desenvuelve en el sector informal de la economía. ¿Cómo se indexa el ingreso de los trabajadores informales? Se indexa en la inflación, el señor que vende frutas en el bulevar de Catia vende las frutas de acuerdo con la inflación, él indexa infinitamente más rápido que un trabajador formal en una planta, que tiene una relación contractual y depende de un tiempo equis para poder renegociar su salario.

Los más pudientes tampoco son los más afectados. El sector más rico tiene compensadores en dólares, en Venezuela el ahorro es en divisas. ¿Quiénes tienen ahorros? Los tenedores de capital que poseen excedentes y han colocado sus ingresos excedentarios en dólares. Reciben intereses de sus inversiones, una parte muy importante de la clase alta venezolana tiene bonos de la república que reportan altísimos rendimientos o tienen compensaciones empresariales en moneda extranjera. La devaluación en el mercado negro va más rápido que la inflación y esta población del estrato alto compensa en bolívares sus ingresos por la vía de la devaluación, vendiendo dólares. Entonces el estrato más golpeado es la clase media, estratos C y D, que es 43 % de la población.

—*Esa clase media ha estado recurriendo a tarjetas de crédito porque las tasas de interés están más bajas que la inflación. ¿Cree que hay peligro de una burbuja?*

—Siempre hay un peligro cuando construyes una economía que se hace dependiente de un artificio y el crédito con tarjetas es un artificio si lo utilizas para la compra de bienes de consumo. Si me compro un chocolate con una tarjeta de crédito puede que te diga que los chocolates van a subir de precio y yo hice un negoción porque me lo compré ahorita pero al final me comí el chocolate y lo tengo que pagar.

—*Estamos viendo a la clase media endeudándose con la tarjeta de crédito para pagar el colegio privado de los hijos.*

—Eso no es cuestionable, endeudarse para pagar la educación de los hijos. Pero también estás pagando comida y no se trata de que se vaya a morir de hambre. Lo que realmente está pasando, si hablamos de alguien imaginario, es que él ya no es clase media, que está viviendo una vida prestada, lo que realmente ocurre es que cambió de estrato pero no lo reconoce y siente que se merece vivir como siempre ha vivido y entonces consigue recursos para financiar artificialmente una vida que no es de él, porque la verdad es que es más pobre. Sacando la cuenta de sus ingresos y evaluando los gastos en teoría ya no podría vivir en el apartamento donde vive, no podría tener sus hijos donde los tiene, salir a comer en un restaurante, debería vender el carro. En la práctica no hace ningún cambio, se ancla y pide prestado para financiarse. ¿Eso puede construir una burbuja? Sí puede en el momento en que la población no tenga el dinero para devolverle al banco lo que le pidió prestado y explote, el financiamiento del consumo es el más riesgoso, no tiene garantías.

—*Pero cuando vemos las cifras no ha habido un aumento de la morosidad.*

—No hay morosidad y ya en teoría deberíamos tener más. ¿Por qué? Si los precios se disparan, te endeudas, no tienes plata. ¿Por qué no se notan ni siquiera los primeros pininos de una explosión de la burbuja? Porque la inflación se come el problema, lo genera pero también se lo come, es una bicicleta, a lo mejor estamos a la mitad de la pirámide y luego explota, pero ahora se lo come. Porque resulta que cuando solicitas el crédito para pagar el colegio el monto parecía elevado pero a la vuelta de dos o tres meses esa deuda es menor porque se la comió la inflación. El crédito permanece igual y el ingreso, aunque sea con retraso, se incrementa. Entonces, hay más capacidad para cancelar la deuda vieja. Ahora si pierdo mi empleo, si la economía colapsa, si no puedo generar el ingreso a la nueva tasa, entonces aflora la crisis.

—*Ya hay empresas privadas paralizando plantas, ¿eso en algún momento no va a golpear el empleo aunque hasta ahora no lo ha hecho porque se mantiene la inamovilidad laboral?*

—Cuando colapsa la empresa, colapsa el empleo. Ese es el riesgo de mediano y largo plazo. Lo que estoy explicando es por qué en este momento la bicicleta todavía rueda. Nuevamente, es la explicación de por qué la mayoría de los economistas visualizan la crisis en explosión mucho antes de cuando en verdad ocurre.

—*El Gobierno les ha declarado la guerra a los bachaqueros. ¿Se puede controlar eso con captahuellas, días para comprar por la cédula, cierre de fronteras para impedir el contrabando de gasolina y alimentos?*

—No puedes eliminar algo si no eliminas la causa. En un momento determinado una persona podía hacer tres o cuatro compras en una semana y ganar 60 mil bolívares al mes. Si colocas las captahuellas lo limitas pero también amplificas la base, ahora no solo ella va a hacer el bachaqueo sino el papá, la mamá, la abuelita y Serafín.

Lo otro que va a pasar es que por la limitación el precio del producto va aumentar en el mercado negro. Las captahuellas también restringen al que no es bachaquero y, como solo puede comprar un día a la semana, cuando no tenga leche, por ejemplo, ni siquiera haciendo la cola podrá adquirirla, entonces vale más.

El cierre de la frontera. Si cierras cinco distritos la mercancía sale por el sexto, cierras veinte y sale por el 21. ¿Van a hacer una muralla de 2.250 kilómetros por toda Colombia? Entonces la mercancía saldrá por Brasil. Eso no se puede parar, es mentira. La cocaína cuesta 1.000 dólares en Colombia y la venden en 30.000 en Estados Unidos. El tanque de gasolina cuesta 7 dólares en Venezuela y la venden en 25.000 dólares al tipo de cambio paralelo, es infinitamente más rentable. Estados Unidos no puede parar el narcotráfico con toda la tecnología, los radares, el dinero que invierte, los presos.

—*¿Por qué cree que el Gobierno no subsidia a las familias que no pueden comprar los productos y mantiene un control de precios que genera escasez, contrabando, racionamiento?*

—Dos razones. La primera, que no es la más importante, porque no ha construido una estructura sofisticada para subsidiar de manera directa y el esfuerzo de hacerlo se le convierte en un dolor de cabeza, porque también existe el estímulo de la corrupción en disparar con rifle los subsidios. Pero lo más importante es quién se beneficia de ese subsidio general. Son miles de millones de dólares que alguien se gana, o que algunos se ganan. Si esos algunos que pueden importar con dólares a 6,30 bolívares y vender en el mercado negro, comprar la gasolina y pasarla en gandolas por la frontera, tienen poder se convierten en un bloqueador del cambio de modelo, y creo que esa es la razón fundamental de que el Estado no busque mecanismos de subsidio directo.

—*¿Un Estado secuestrado por unos grupos que se benefician de los negocios que existen detrás de los controles?*

—Que debo decir que tampoco es nuevo. En el sentido de que esa ruta de secuestro a los gobiernos por grupos de poder que se benefician de las distorsiones ha existido por muchos años, lo que pasa es que esto es el extremo.

—*Durante el gobierno de Jaime Lusinchi hubo grupos que se beneficiaban del control de cambio pero duró cinco años, después vino un gobierno que desmontó aquello.*

—Sí, pero había otros que controlaban las exportaciones de petróleo y se hacían multimillonarios en negocios de venta y distribución, había mafias completas en la distribución de hierro y aluminio que quebraron las empresas en Guayana, había gente que controlaba el tipo de cambio. Ha habido de todo.

—*Es cierto que anteriormente Venezuela ha sufrido ese tipo de corrupción, pero me parece que ahora es un paso o dos en la escala.*

—Te voy a decir como les digo a mis alumnos, que suena rudo. Nosotros antes vivíamos del negocio de las revistas pornográficas y ahora vivimos del sexo explícito, es más rudo, más vulgar, más grosero, pero el *core business* es el mismo. Este es un país que ha estado dominado por la corrupción y los grupos que coaptan el poder desde hace muchísimos años. Eso no es solo chavista, el chavismo lo que ha hecho es amplificar el problema.

—*Pero hay una diferencia. En momentos de crisis como esta en aquel pasado donde también había grupos muy corrup-*

tos hubo mecanismos para que esos gobiernos hicieran ajustes. Vino alguien y desmontó Recadi.

—Por eso digo que aquello era una revista pornográfica, esto es sexo explícito. En el pasado cuando la crisis era de tal magnitud y pensaban que estaban hasta el cuello tuvieron que ajustar. Ahora la diferencia es que han seguido como un niño de tres años retando al papá y sigue hasta donde lo dejen, y lo han dejado.

—*¿La población se ha ido habituando a las colas, la escasez, a esta situación de decadencia?*

—Todo el mundo, eso forma parte de la condición del ser humano. La habituación es además una de las formas de protección del hombre, si no te habitúas a las condiciones adversas no puedes subsistir, la gente se habitúa a todo.

Hay un momento en que si tienes un pueblo rebelde y un actor o un grupo de actores que canalizan la energía de ese grupo para buscar cambios, se producen transformaciones; pero si eso es débil, si la estructura social no es fuerte, si el liderazgo es eunuco, si tu adversario es más fuerte, entonces te habitúas. ¿De qué se trata habituarse a una cola de cinco horas si el hombre fue capaz de habituarse a un campo de concentración?

Hay un libro espectacular con los relatos de judíos que viven en Venezuela y estuvieron en los campos de concentración. Una señora contó que tenía siete años cuando ocurrió la guerra, a sus padres los mataron y ella vivía sola en el campo de concentración y cuando finalmente ganaron los aliados y abrieron el campo ella tenía un terror terrible de salir porque aquella era su casa, era su zona de confort. Ese es el ejemplo máximo de la habituación.

—*¿Nos podemos habituar a una economía en un barranco permanente?*

—Depende de si hay o no la dinámica que permita integrar una sociedad para recordar lo que puede hacer y el derecho que tiene a exigir los cambios. Si eso no existe se habitúa, como se habituaron los cubanos, los libios, los rusos, los chinos. ¿Por qué es que no se van a habituar los venezolanos? Si no tienes esa dinámica social de liderazgo y cambio, si no tienen el *empowerment*, y si tienen miedo, se habitúan.

—*¿Aparte de la habituación no hay otro escenario a considerar?*

—Claro, la habituación es un escenario. También tenemos el ejemplo de experiencias de que una crisis sostenida en el tiempo hace que un pueblo que aparentemente estaba tranquilo y calmado se organiza y explota. Se rebela. Eso también ha ocurrido, hay experiencias en América Latina como la chilena, la nicaragüense, la mexicana contra el PRI, eso es una rebelión de diferentes maneras. Algunas rebeliones duras, algunas electorales sobre procesos totales de concentración de poder que salieron por elecciones, porque la mayoría de la población se manifestó.

Hay quienes dicen que cómo va a ganar una elección la oposición si el Gobierno tiene todo el poder. ¿Te imaginas más poder del que tenía Pinochet? ¿Más poder del que tenía el *apartheid* de Sudáfrica? ¿El PRI de México? Todos salieron por una revolución política, no por una crisis económica. No es la crisis económica el principal disparador de los cambios, es una sociedad que siente que ya no tiene sentido vivir así. No es la crisis, porque la crisis puede generar la habituación, pero es la sociedad cuando se convierte en una mayoría que rechaza lo que está ocurriendo y eso tiene que tener canalización política. Por eso el antídoto de la habituación es la buena política, la organización y la articulación de la mayoría.

V. **Fedecámaras en el disparadero**
Entrevista a Jorge Roig

ENTRE JUNIO DE 2013 y julio de 2015 Jorge Roig dirigió Fedecámaras, la organización que agrupa a las principales empresas privadas del país. En medio de la escasez, la recesión y el constante incremento de los precios el Presidente de la República, Nicolás Maduro, lo acusó públicamente de organizar una «guerra económica» para desestabilizar al Gobierno y lo convirtió en blanco de virulentos ataques.

Como nunca antes comenzó un período turbulento signado por el encarcelamiento de empresarios, remate de mercancía y recorte en la asignación de divisas que convirtió a Jorge Roig en un actor fundamental en la crisis económica del socialismo del siglo XXI.

Ingeniero industrial egresado de la Universidad Católica Andrés Bello, empresario aunque prefiere no nombrar a sus compañías, «ya me las han perjudicado bastante, pero tengo varias metalmecánicas, de servicios, de construcción», cuenta con una amplia experiencia en política que sin duda le ha ayudado a desenvolverse en un ambiente hostil y conflictivo.

Durante cinco años (1994-1999) estuvo al frente de la fracción parlamentaria del partido Causa R, donde militaban prominentes figuras del chavismo. Además intentó ganar la gobernación del estado Bolívar y la alcaldía de Baruta.

Con este bagaje su lectura sobre la coyuntura actual teje un diagnóstico que abarca lo económico, lo político, lo que ocurre a lo interno de la élite empresarial y las causas que impidieron el diálogo con el alto poder.

* * *

—*Desde la visión del chavismo-madurismo la economía petrolera es la que crea riqueza y la no petrolera, la que representa Fedecámaras, son un conjunto de empresas que empaquetan bienes finales, ensamblan bienes intermedios, no realizan una mayor transformación de las materias primas y utilizan bienes de capital que importan con los dólares de la nación. Es decir, son unos parásitos de la renta petrolera. ¿No es así?*

—Bien interesante para comenzar porque no estoy tan seguro de que esa sea una percepción generalizada, pero evidentemente es una percepción importante de la población venezolana y sobre todo del Gobierno. Yo me imagino una conversación –después te voy a responder exactamente– entre Hugo Chávez y Fidel Castro, cuando Hugo Chávez estaba comenzando su primer gobierno, del tenor que te voy a relatar ahora: «Hugo, yo sin dinero mira todo lo que he sido capaz de hacer; he aguantado 44 años, he sido un ejemplo en el mundo de resistencia y dignidad. ¡Imagínate tú! Lo que con dinero podrás realizar. Vas a ser el redentor de este modelo socialista. El petróleo genera suficiente dinero para que solo tengas que distribuir, y si distribuyes bien, no necesitas al sector privado para nada».

Y Hugo Chávez, que entre sus múltiples cualidades y características tenía la necesidad de trascender, debe haber comprado este cuento. Si algo no ha resuelto esta revolución son dos problemas fundamentales. Uno, que además decían que lo iban a resolver, el rentismo como país, y dos, ¿cuál es el papel del sector privado en el proceso productivo?

Ni siquiera se ocupó de responder esas preguntas por esta conversación que es imaginaria; no tengo ninguna prueba de que haya ocurrido, pero quiero pensar que más o menos algo así sucedió. Y si Hugo Chávez hubiera sido un buen administrador, probablemente estos problemas económicos que estamos afrontando hubieran tardado más en llegar. Lamentablemente para él y para un sistema que iba a fracasar de todas formas, es evidente que fue un mal administrador.

En nuestro sector productivo ciertamente han crecido unas empresas muy dependientes del Estado, hay que reconocerlo; y otras, por fortuna, muy independientes.

Los independientes son los que más me preocupan, son a los que estoy dispuesto a defender porque evidentemente que ha habido una extraña conchupancia entre empresarios que crecieron solo por el gobierno de turno y otros que no, que han trascendido a cualquier gobierno. Hay empresas exitosísimas, dentro de las cuales podemos nombrar las que a uno ya se le vienen primeramente a la cabeza, pero hay otras que la mayoría ni se imagina.

Me jacto de conocer al parque empresarial del país. Aquí ha habido gente que llegó con una mano adelante y otra atrás pero con esfuerzo propio ha creado empresas productivas, capaces de exportar, que generan puestos de trabajo estables y necesitan poca ayuda del Gobierno. Pero hay que tomar en cuenta que como en Venezuela tenemos cadenas productivas muy cortas, en alguna parte del proceso vas a necesitar divisas para adquirir un repuesto y para ello requieres el permiso de importación que te lo concede el Estado.

Otro tema es la dependencia de las materias primas. En Venezuela puedes ser un gran fabricante de aluminio o de acero, pero la materia prima te la provee el Estado a través de las empresas básicas que por más que me he estudiado el tema para saber por qué las llaman básicas, todavía no lo entiendo. Busqué en los diarios de debate del Congreso de 1960, que es cuando aparece por primera vez la definición de empresas básicas y nadie me sabe definir por qué una empresa que produce aluminio y acero es básica. Para mí, básico es la educación, el conocimiento, la salud. En todo caso, las denominaron básicas, están en manos del Estado y siempre hubo una dependencia por este factor.

Con esto te quiero decir que sí, que hubo un sector privado que creció a la sombra del Estado, pero también hay otro sector que intentó con todas las fuerzas desprenderse y lamentablemente este sistema en el cual estamos los hizo dependientes, unos más otros menos. Siempre ha habido que depender del Estado. O bien por el permiso gracioso de la concesión de unas divisas para importar algo, para obtener materia prima o cualquier otro tipo de permiso. Venezuela tiene más permisos que ningún otro país del mundo.

—*Ciertamente, pero uno de los puntos de partida del chavismo yo creo que lo resume bien en esa conversación imaginaria. Es que podía prescindir de este sector privado porque se consideró que aporta poco valor. Además, después del episodio de abril de 2002 se le ve como un enemigo. ¿No comparte este análisis?*[1].

---

[1] El 11 de abril de 2002 hubo un golpe de Estado que logró derrocar por 48 horas a Hugo Chávez. Pedro Carmona, quien estaba al frente de Fedecámaras, se juramentó como Presidente de la República.

—Sí, absolutamente. Comparto que no era un amigo y además incidía poco en el desarrollo económico del país, desde el punto de vista de la entrada de divisas. La verdad es que no lo hemos sido nunca por esas razones que te he planteado.

Es más fácil que un gobierno considere viable prescindir del sector privado cuando tiene petróleo y siente que es rico. Ese planteamiento no es posible en Colombia o en países que han copiado el modelo político de Venezuela como Ecuador, Nicaragua o Bolivia, porque allí la entrada de divisas no la controla el Gobierno. Con la renta petrolera la tentación de sentirse autosuficiente, de creer que su papel es ser un administrador y no un generador de riqueza e impulsor de la iniciativa privada es muy grande. Y a eso le sumamos el incidente lamentable de una persona, repito –voy a decirlo hasta el cansancio–, no fue de la institución, fue el presidente de nuestra institución que cometió un error y que está pagando por ello.

Yo no voy a entrar en consideraciones, a menos que tú lo consideres pertinente en este libro, de cuál fue la actitud de Pedro Carmona, pero fue una actitud absolutamente personal, sobre todo la asunción del cargo de Presidente de la República. No fue consultada con Fedecámaras, fue una decisión absolutamente personal que arrastró a nuestra institución y con ella a la empresa privada, que es peor.

—*Pero el paro de los empresarios, todo el proceso de 2002 hizo que el sector privado se convirtiera en enemigo del Gobierno.*

—El paro es una forma de protestar, de huelga, formas legítimas y reconocidas como elementos de presión de toma de decisiones. Pero no hay duda de que los sucesos de 2002 influyeron. Ahora, cuando yo asumí la presidencia de Fedecámaras tenía la expectativa de que podría sentarme a dialogar con el Gobierno. Compartí con muchos de los que hoy están en el Gobierno cuando fuimos miembros del partido Causa R. Con muchos de ellos hice política pensando en un sueño de país que nunca se dio. Y sabemos cómo pensamos el uno y el otro. A mí nadie me puede tildar de ser parte de una oligarquía rancia.

—*La visión radical del Gobierno llevó a ampliar la presencia del Estado a través de expropiaciones y nacionalizaciones, se tenía la convicción de que el Estado podía prescindir de las empresas a las que veía como parasitarias y sustituirlas. Sin embargo otra visión menos radical abrió espacio para que surgiera una nueva élite porque el empresariado tradicional se había convertido en enemigo del Gobierno. Por tanto a través de licencias, créditos baratos, surgieron nuevos importadores e incluso banqueros. ¿La élite tradicional va a terminar sentada al lado de esos nuevos empresarios?*

—Tuve la oportunidad de dirigir por dos años ese tejido tan complejo y puedo decir que la clase empresarial no es nada homogénea. No es lo mismo un banquero que un asegurador, que un industrial, que un comerciante, que un constructor o que un agricultor. Para nada son comparables, ni en mentalidad ni en posicionamiento. La nueva clase que creció es básicamente financiera. No hay ninguno que haya crecido agregando valor al país. Todos los que están, estaban ya. Los que han seguido elaborando productos que partían de una materia prima, le agregaban valor y lo están generando son las viejas clases empresariales. Los nuevos empresarios son más que todo importadores del momento.

—*¿Y no ha habido corrupción en esas importaciones?*

—En mi caso particular creo que muchas de ellas fueron fraudulentas. Pedí hasta la saciedad, como presidente de Fedecámaras, que se publicara la lista de importaciones de Cadivi, para que se sepa quién creció y por qué creció en una forma tan desproporcionada.

Pero son dos clases empresariales totalmente diferentes, que se van a sentar en el entendido de que haya intereses comunes. Si esos señores compraron un banco y ese banco hoy en día va a darles servicio a los empresarios de siempre, por supuesto se sentarán. ¿Convivir socialmente? En este país, lamentable o afortunadamente, las heridas se curan muy rápido. Pero nunca encontrarás a los empresarios de una vieja guardia, con el sentido de largo plazo, que sientan que los pueden comparar con unos nuevos empresarios que llegaron por la vía de los favores oficiales.

En la sociedad venezolana, créeme, y en el mundo empresarial eso tiene una delimitación bastante clara. Aquí sabemos quién es quién. Que convivan, convivirán por intereses particulares o coyunturales en un momento dado, pero no siento que sean la misma clase empresarial.

—*En el sector empresarial ha habido una división, una polarización al igual que en la gran mayoría del país. Existen gremios como Fedeindustria cuyo presidente defiende completamente al Gobierno. ¿Es posible que la élite empresarial se ponga de acuerdo entre ella o eso sigue siendo muy difícil?*

—No creo que nos peleemos, pero que nos mezclemos es difícil. Siento que he tenido una buena relación con Pérez Abad, el presidente de Fedeindustria, pero que no me la comparen con Fedecámaras porque está muy lejos de ser una cámara empresarial. Fedeindustria jamás en la vida y en ninguna parte del mundo podría pasar por una cámara empresarial independiente.

De hecho, no ha sido reconocida nunca como una cámara empresarial independiente, ni por la OIT ni por otros organismos. Es un grupo de empresarios que se aglutina por compartir intereses, donde ellos descubrieron que era mejor estar más cerca del Gobierno y no ser tan protestatario. Y bueno, la historia juzgará si ellos fueron más exitosos o no que otros. Cada quien depende de sus intereses. Puede mañana conformarse una cámara simplemente de cadiveros; solo tipos que piden dólares en Cadivi[2]. Y gracias a Dios que la democracia permite que esas cosas ocurran. Allá ellos. No me compares una cosa con la otra.

Lo que yo sí puedo decir es que no creo que haya conflictos, que entre los empresarios nos descalifiquemos mutuamente. La actividad empresarial en sí refleja el que tú has sido capaz de asumir un riesgo, de comprometerte con algo, meter dinero tuyo. Si estás en esa categoría te respetan de alguna manera. Pero sin duda no nos gusta que nos comparen a unos con otros.

Te repito: todos sabemos quién obtuvo el dinero y cómo lo obtuvo; quiénes lo obtuvieron producto del trabajo de muchos años, de constancia, de largo plazo, de inversión, de riesgo, y quiénes lo obtuvieron por favores del Estado, y eso ya hoy en día no se mezcla mucho.

—*Ha señalado que «en el pasado los empresarios cometimos muchos errores». ¿Cuáles concretamente?*

—Bueno, en primer lugar, los sucesos del 2002 fueron un error político. Te voy a nombrar otro: los empresarios siempre hemos sido muy arrogantes, nos hemos considerado el ombligo del mundo. La idea de que un empresario es exitoso en tanto y cuanto es capaz de producir y generar riqueza para él, eso es un error. Hoy en día creo que el em-

---

2 Se refiere a la Comisión de Administración de Divisas (Cadivi), el organismo que entre 2003-2013 asignó las divisas en medio del control de cambio. En enero de 2014, tras la evidencia de corrupción, el Gobierno le cambió el nombre y creó el Centro Nacional de Comercio Exterior (Cencoex), que tiene las mismas funciones.

presario está entendiendo que tiene que crecer pero que no puede ser rico si sus trabajadores están pasando trabajo, o que su comunidad esté pasando trabajo, o que el país esté pasando trabajo, que es lo que está ocurriendo ahora. Por lo menos el verdadero empresario.

La categoría de empresario yo se la doy a alguien que ha sido capaz de apuntar, de arriesgar, de tener trabajadores, de generar empleos estables, bien remunerados. Yo creo que en el pasado nos olvidamos mucho de los trabajadores, de nuestra comunidad, de nuestro país, con honrosísimas excepciones.

—El 26 de febrero de 2014, ya fallecido Hugo Chávez y Nicolás Maduro elegido como nuevo Presidente de la República, acudió a Miraflores para un encuentro de diálogo. Luego, el 23 de abril de ese mismo año en el Círculo Militar asistió a una Conferencia Económica de Paz y afirmó: «Hoy pudimos observar un tono para dirigirse al país con un ánimo de que el aparato productivo nacional progrese, que haya una mayor producción nacional», y además agregó que «ha sido una excelente jornada que yo creo que vale la pena reconocer». ¿Qué pasó que luego usted terminó siendo señalado por el presidente Nicolás Maduro como responsable de una guerra económica contra el país?

—Todavía estoy procesando algunas cosas de qué ocurrió, por qué no avanzamos. Y la explicación más sencilla, la que todavía tengo hoy en el momento en el que estamos hablando, es que nunca hubo una verdadera voluntad de diálogo por parte del Gobierno. Fue más una puesta en escena, motivada por los sucesos que tenía el país. Recordemos que estaban las guarimbas, un escenario político y social encendido y el Gobierno no quería tener todos los frentes abiertos. Apenas esa coyuntura pasó, Fedecámaras volvió a ser el enemigo.

Fedecámaras siempre ha sido el comodín para achacarle los males que no puedes achacarle a factores externos como

Estados Unidos. Siempre Fedecámaras está aquí como más palpable. Fedecámaras había pasado a ser un poco intrascendente pero el mismo presidente Maduro nos hizo cada día más relevantes, más fáciles de visualizar. Si nos hubiera ignorado a lo mejor no tuviéramos la relevancia que tenemos hoy. Pero la respuesta es que el presidente Maduro nunca tuvo una verdadera voluntad de diálogo.

—*¿No la tuvo porque él no creía en ese diálogo o por otro tipo de causas?*

—El Gobierno es muy complejo y en mis conocimientos escasos que tengo de ese submundo creo que Nicolás Maduro tuvo intenciones correctas al invitarnos a Miraflores y su comportamiento esa noche es el del Maduro que nos hubiera gustado ver a lo largo de un período presidencial. Creo que esa trampa ideológica que él tiene de no poder echarle la culpa al Gobierno anterior, de ser el hijo de Chávez, el heredero... Además tiene que hablarles a radicales que no dejan progresar a un Nicolás Maduro que hemos visto en etapas muy pequeñas, pero que en mi opinión es más auténtico que el que grita e incendia al país con unas frases que además son poco creíbles; porque como no es él, el país no le cree.

Antes de que comenzara ese encuentro en el Palacio de Miraflores Nicolás Maduro le pidió al resto de los representantes del Gobierno que no se nos atacara y por eso pude hablar en los términos en que hablé. Nadie me abucheó ni se me impidió decir lo que quise decir. El tono del Presidente esa noche fue el de un estadista. Cuando fue al Círculo Militar, igual. Estábamos 700 empresarios reunidos. Fue un tono de impulsar el aparato productivo.

Pero la verdad es que yo creo que esa intención de un diálogo desapasionado, desprejuiciado, de escucharnos, de encontrarnos, de qué está diciendo el otro, de cómo progresamos, de qué solución encontramos nunca la hubo. Yo no la sentí, ni siquiera en Miraflores. Ni la sentí tampoco en el Círculo Militar. Fue una jornada buena desde el punto de vista de que hubo un tono estadista, hubo una expresión de deseos que compartimos. Pero las verdaderas reuniones de trabajo, en las cuales se vieran las motivaciones, jamás ocurrieron.

—Ha señalado algo significativo. En la Causa R convivió con importantes miembros del partido de gobierno como Aristóbulo Istúriz, hoy gobernador de Anzoátegui, o Alí Rodríguez Araque, quien estuvo al frente en un momento dado del Ministerio de Finanzas y es hoy embajador en Cuba. ¿Por qué no pudo avanzar un diálogo entre ex compañeros de partido?

—Porque el tema no era personal. Estoy convencido de que no tienen nada contra mí, no es Jorge Roig. El problema no era reunirse conmigo, el problema era reunirse con Fedecámaras. El tema era tener un enemigo. No se trata de que yo sea más malo o más bueno. Fíjate que apenas entrego la presidencia la situación se recompone un poquito, nos reciben en la Asamblea Nacional y por primera vez José Vicente Rangel le hace una entrevista a Fedecámaras en el programa de televisión que transmite Televen[3].

Es un viejo esquema. Tratas de hacer ver que es la persona la que te molestaba; pero en el fondo no es eso. En el fondo desprecian profundamente que no han podido con Fedecámaras. Pudieron con todas las centrales de trabajadores, las destrozaron. Pudieron con todas las instituciones que estaban establecidas que ellos no controlaban, pero no

---

3 Durante el período en el que Hugo Chávez fue Presidente, José Vicente Rangel ocupó distintos cargos como Vicepresidente de la República, canciller y ministro de la Defensa. Cuenta con un programa de entrevistas que se transmite los domingos por Televen, *José Vicente Hoy*. El programa suele ser un espacio para la defensa del Gobierno.

pudieron ni con la Iglesia que nos lleva una morena, dos mil años contra setenta y uno que tenemos nosotros, no son comparables, pero no pudieron con Fedecámaras. Y eso no lo van a aceptar. El bajar la cabeza o el decir «Fedecámaras es una institución con la cual nos tenemos que sentar» sería un reconocimiento implícito de que es una institución a la que no pudieron jamás en la vida doblegar, corromper, infiltrar. Aquí crearon organizaciones paralelas: Empreven, que les dieron todo el dinero; Fedeindustria misma. Parapetos. Y no lo lograron. No han logrado quitarle la representatividad ni la fortaleza que tiene Fedecámaras. Por el contrario, si me apuras mucho, creo que nos hemos fortalecido en este período más de lo que ellos hubieran podido querer. Y eso no creo que les guste mucho.

—*Pareciera que la crisis económica que comenzó a gestarse desde que el precio del petróleo se estabilizó en 2013 y posteriormente descendió en 2014 es terminal, que sin el replanteamiento de la política estatista y controladora que tiene al país en recesión e internándose en la hiperinflación, hoy en agosto de 2015, no hay salida. Mientras este tema no esté sobre la mesa no hay diálogo ni mesas de reconciliación que tengan una verdadera utilidad. ¿No cree que hasta ahora se ha tratado de una especie de disimulo generalizado, de no querer decir claramente esta realidad y se habla como si de esta crisis se puede salir con dos o tres medidas mágicas como aumentar el precio de la gasolina o devaluar?*

—Así es. No hay voluntad de diálogo. Nosotros avanzamos en algunas cosas con las reuniones de enero y febrero, y las reconocí públicamente. Inclusive, los radicales están repartidos por partes iguales. También hay radicales en Fedecámaras, me costó mucho convencer a radicales del sector empresarial de la pertinencia de las reuniones de Miraflores, donde se reconocieron algunos precios, donde se avanzó con un sistema donde puedes exportar a una mejor tasa de cambio. Además estaban rezagados no sé cuántos casos en la Inspectoría del Trabajo, que se empezaron a alivianar. Hubo algunos resultados.

Pero la clave es la que estás diciendo. Eso fue una colcha de retazos. Eso es pensar «contentémonos porque esto es insostenible». Pero los problemas medulares, el sistema, donde tienes que ir de verdad al meollo del asunto, que es que este modelo económico como tal no funciona, jamás en la vida se discutió.

De hecho, en las pocas reuniones que tuvimos nos hablaban de un Plan de la Patria que da para todo, que ni siquiera el propio Chávez se terminó de leer y le agregaron tantas cosas. Él lo presentó como una cosa electoral. Chávez se murió y convirtieron eso en Ley de la República. El Plan de la Patria va desde salvar al planeta hasta descontaminar al mundo. Pero el tema de fondo, del modelo económico del país, jamás en la vida se discutió seriamente.

Y no basta una sola medida. No se trata de que aumentes el precio de la gasolina mañana. Es que se requiere una cantidad de medidas, un delicado rompecabezas, poner todas las piezas al mismo tiempo.

—*¿Ese ajuste es inevitable?*

—Es un modelo de ajuste que se va a hacer más temprano que tarde, porque la historia de la humanidad nos ha enseñado que no puedes hacer las cosas cuando te da la gana sino cuando hay que hacerlas. La economía es mucho más testaruda que cualquier revolución. Pueden estirar la arruga todo lo que quieran pero al final tendrán que hacer un programa de ajustes.

Si no les gusta llamarlo programa de ajustes, lo llamarán agenda no sé qué cosa, contramarcha revolucionaria –para poner nombres son maravillosos–, pero al final tendrán que modificar muchas cosas. La tasa de cambio, el papel del Banco Central de Venezuela, la disciplina fiscal, el endeudamiento irresponsable, el precio de los servicios públicos. Hay una cantidad de cosas que habrá que examinar conjuntamente. Eso en ninguna conversación se ha tratado. Esa es la clave, el fondo del problema.

—*La Asociación Bancaria publicó un comunicado señalando los males que tiene el tipo de cambio de frontera, por ejemplo. Atacando la referencia en que se han convertido páginas web como Dólar Today. Pero, sin señalar todos los problemas de fondo de la política cambiaria, de un sistema que tiene tres tipos de cambio oficiales y un paralelo. Que el Banco Central no ha estructurado un mercado creíble. ¿No es esto una muestra de irresponsabilidad del sector privado, de querer evadir la realidad?[4].*

—Estoy pensando en lo que te voy a decir, en calidad de expresidente de Fedecámaras, con todo lo que esto puede conllevar. La Asociación Bancaria está muy lejos de Fedecámaras, muy lejos. De hecho, tiene un puesto en el directorio pero durante mi gestión nunca lo ocuparon. Tenemos diferencias profundas. Te estoy hablando de la institución: Asociación Bancaria. Y no lo personalizo en nadie.

La Asociación Bancaria considera, así como otras cámaras, que su cliente fundamental, que su ente regulador es el Estado y no puede estar mezclada en nada que comprometa esa relación con el Ejecutivo. Entonces todas sus posiciones

---

4 El comunicado fue difundido el 10 de julio de 2015. Señala: «La práctica de fijar un tipo de cambio de acuerdo a supuestas operaciones de mercados paralelos con montos exiguos para nada representativos de la economía venezolana, realizadas en un mercado no transparente, se traduce en una gran especulación que reporta ganancias a pocos y pérdidas a la mayoría».

son bastante edulcoradas para lo que nosotros creemos debieran ser. Son libres de tener su mejor criterio de cómo defender a sus afiliados y no me voy a meter en eso; pero están muy lejos de Fedecámaras.

—*¿Cómo evalúa el comportamiento que están teniendo las élites del sector privado en este momento? No es solo el tema de la posición pública de la Asociación Bancaria. Decíamos antes que se necesita plantear las cosas a fondo, en el sentido de que no son cuestiones de dos o tres medidas.*

—Pero no me compares la Asociación Bancaria con el resto. Creo que Fedecámaras ha planteado las cosas de fondo; que la Asociación Bancaria no lo haya hecho u otras cámaras importantes como la Cámara Petrolera, tiene una razón. La Cámara Petrolera depende solo de Petróleos de Venezuela; entonces, mal pudiera esperarse que ellos salieran con un comunicado expreso contundente porque todos su afiliados lo que hacen es venderle productos a Pdvsa. Es complicada esa relación y uno tiene que entenderla, fíltralos.

No esperes un comunicado abordando todos los gravísimos problemas del país de instituciones que tienen una alta dependencia del Gobierno. Esa posición búscala en las que tienen capacidad de ser independientes, y para eso es Fedecámaras. Para eso existe Fedecámaras.

Fedecámaras no protege intereses particulares. Esta institución no resguarda a una empresa en particular. Yo no puedo defender a nadie que haya hecho ni prácticas reñidas con la ética comercial, ni a vagabundos ni a nada. Aquí lo que defendemos son valores y principios. Con base en esos valores y principios nosotros asomamos cuál es el modelo de gerencia que queremos para Venezuela. Para eso está Fedecámaras. Triste sería que Fedecámaras no estuviera haciendo su papel. Pero el porqué otras élites –que tú llamas élites empresariales– no lo hacen, busca su relación con el Gobierno y tendrás la respuesta.

En Fedecámaras lo que no hemos dejado es que esa relación con el Gobierno, que deseamos sea beneficiosa, extraordinaria, de diálogo, de encontrarnos, haya minado nuestra capacidad de decir las cosas que creemos. En otras instituciones lo ha hecho. Y esto es la primera vez que lo digo en mi vida. Con esto no comprometo a Fedecámaras, comprometo mi opinión personal.

—*¿En este momento cuál es la situación de los inventarios? Conindustria ha propuesto titularizar la deuda que tiene el Gobierno con el sector privado por concepto de las importaciones que no han recibido la liquidación de divisas. Empresas emblemáticas como Polar han paralizado plantas por la escasez de materia prima. ¿Si no se solventa esta deuda qué va a pasar con la escasez en el país?*

—Esta respuesta también es a título personal: soy un defensor y creo que es importantísimo reconocer esa deuda. Esa deuda es un pasivo importante: diez, doce mil millones de dólares. Muy importante, pero más importante que reconocer esa deuda es que no se siga causando el error. Hay empresas que ya desaparecieron producto de esa deuda, que ya no existen porque simplemente no pudieron cancelar a sus proveedores; desaparecieron, se salieron del rubro. Vendrán otros actores, la economía se reacomoda, no es el fin del mundo que tú no pagues, que hagas un *default* interno por diez mil millones de dólares. Es muy serio y desaparecerán muchas empresas, pero el fin del mundo es cuando eso es recurrente y permanente, que es un poco lo que está ocurriendo.

No es solamente que el Gobierno no paga lo anterior, es que tampoco deja que el aparato productivo empiece a girar porque actualmente no les asigna divisas a las empresas que las necesitan. Para seguir funcionando las empresas requieren oxígeno y no se lo están dando. Entonces, creo que la catástrofe va a ocurrir si esto se mantiene como recurrente. Más allá de que las deudas vencidas por supuesto han causado un impacto y un daño terrible al aparato productivo del país, donde muchas empresas no pudieron sobreponerse y han desaparecido.

—*¿Hay conversaciones para que se incremente el flujo de divisas hacia el sector privado?*

—Me parecería como lo elemental. Por ejemplo, las líneas aéreas. Este ejemplo es odioso y a lo mejor no me dejan montarme en un avión más nunca y me declaran enemigo público, pero las líneas aéreas estuvieron durante muchos años cobrando un valor del pasaje que era absolutamente incomparable con lo que en el mundo se paga por una hora de vuelo; cobrando más de lo que era.

El problema es que si se quiere sincerar el precio de cuánto vale una hora de vuelo a Miami y, por ejemplo, colocar lo mismo que cuesta Bogotá-Miami, hay que asegurar el flujo de divisas. Lo otro es continuar con la práctica de que se cobra ochocientos dólares por una cosa que vale cuatrocientos en otro país porque no hay seguridad sobre el acceso a las divisas.

La sinceración de precios pasa porque todos los empresarios del país tengamos la seguridad absoluta de que si te metes en un negocio vas a tener la garantía de recibir los dólares adecuados a la tasa adecuada. Pero aquí todo el mundo ha trabajado con unos márgenes mayores por la incertidumbre en el cobro. Esconder eso sería ingenuo.

—*Desde ese punto de vista, esa incertidumbre también ha sido muy rentable.*

—No, no es rentable porque no te pagaron.

—*Pero como ha dicho, por mucho tiempo se mantuvieron unos precios muy elevados.*

—Creo que Venezuela fue un paraíso para muchos empresarios durante mucho tiempo. Los márgenes aquí no son comparables con los de otros países del mundo, y lo siguen siendo, por la incertidumbre.

Los precios son un indicador fundamental relacionado con la confianza que existe en un país, un indicativo del riesgo. Colocas un precio alto si no sabes si vas recuperar lo necesario para continuar en el negocio o para hacer la reposición. Si hay incertidumbre se apunta al peor escenario posible. Entonces todo el mundo tiene unos márgenes más amplios de lo que debe ser. Pero Venezuela, salvo empresas de alimentos muy establecidas, empresas farmacéuticas con controles muy estrictos por parte del Gobierno, ha sido un país de altos márgenes de rentabilidad.

—*Usted ha afirmado: «Por si fuera poco, una vez que se logra entrar en la oscura y poco transparente asignación de divisas, se le obliga al empresario a fijar un precio de venta, se le obliga a venderlo a quien el gobierno decida, controlando la movilización de los bienes, se le fija un margen de venta, se le fiscaliza hostilmente, se le somete al escarnio público, se le juzga y se le condena por televisión y si no cumple las prejuiciadas y discrecionales normas se le quita la concesión, la propiedad y se le priva de libertad». Desde la óptica del Gobierno todos esos controles son necesarios porque de lo contrario los empresarios especulan. ¿Qué opina?*

—Lo que quise decir con esa frase es que ya no somos empresarios, somos concesionarios. El empresario es una persona que tiene dentro de las libertades de mercado, que además establece nuestra Constitución, la capacidad de adecuarse y de hacer el negocio de su preferencia sin más límites que los previstos en la Constitución y las leyes. En este momento lo que existe es una suerte de concesión, donde no eres empresario. El Gobierno te dice lo que tienes que comprar, te asigna el dólar al precio que compras, te dice cuándo lo tienes que traer, pasas por puertos que son del Gobierno, te fija el precio de venta. No hay capacidad de emprendimiento, de invertir, de crecer, de soñar porque todo está tan controlado.

Con todos estos controles, lo que han hecho es mantener congelados los salarios que solo aumentan por decreto. ¿Quién puede elevar los salarios cuando tiene controlado el precio de venta, a quién le tienes que despachar y a quién le tienes que vender?

Pero lo más grave es que se perdió la iniciativa y el incentivo de ser mejor que otros, diferenciarse de la competencia con base en el valor agregado. El deber ser es que el empresario haga un producto y busque superar al que fabrican los demás, agregando tecnología, horas hombre, nuevas máquinas, para que el producto se venda más. Y así los trabajadores y la empresa también van a ganar más. Ese espíritu se perdió completamente en Venezuela. Ya no hay ningunas ganas de invertir absolutamente en nada.

El gobierno debe ver que los resultados han sido salarios congelados, reducción de marcas, de productos, de consumo, de abastecimiento. No sé qué más necesitan para darse cuenta de que el modelo está colapsando por todos lados. En Venezuela el consumidor es absolutamente ignorado, es el que está pagando los platos rotos. En el libre mercado quien manda es el consumidor.

—*¿En un entorno de escasez, el consumidor está a merced de los pocos vendedores que existen?*

—Así es y lo que nosotros predicamos como institución es el imperio del consumidor. Es el consumidor quien debería dictar qué es lo que quiere comprar, cómo lo quiere comprar, a qué precio lo quiere comprar. Eso en Venezuela no existe. El consumidor tiene que adquirir, cuando puede, lo que encuentra.

—*Lo común hoy en día es que no exista competencia entre las empresas, se ayudan unas a otras, comparten la poca materia prima. Son una especie de asociación.*

—Se prestan la materia prima, «te la doy a ti, cuando venga tu barco me la das a mí». Es la ley de la supervivencia, todos tenemos que sobrevivir en un entorno hostil. Entonces comenzamos a cooperar para sobrevivir, en vez de competir sanamente para demostrar quién es mejor. Yo creo en un entorno donde tienes que competir.

—*Al momento de dejar el cargo de presidente de Fedecámaras, el 16 de julio de 2015, usted afirmó: «Venezuela no es del Gobierno, es de todos los venezolanos. Si el Gobierno no cambia sus políticas ruinosas, en especial la económica que nos empobrece a todos, todo el país tiene que obligarlo a cambiar y lo hará». ¿Entonces lo que se aproxima es un período de gran desestabilización que va a profundizar los males de la economía?*

—Desde mi punto de vista, se avizora una conflictividad social creciente, producto de que la gente siente que está viviendo peor. Es el pueblo quien tiene que hacerle cambiar las políticas al Gobierno. Pareciera que es el Gobierno el que pone las reglas y esas reglas son imposibles de cambiar. Y la verdad es que las sociedades democráticas en las que yo creo se establecen en base a protestas que estén dentro de la Constitución. No estoy predicando nada que se salga de la línea constitucional. Pero la conflictividad social no tengo la menor duda de que va a incrementarse hasta un punto que hará que el Gobierno tenga que revertir gran parte de las políticas económicas que obstinada y equivocadamente ha impulsado.

—*¿Entonces puede ser que los empresarios, desde esta óptica, terminen teniendo como aliada a la mayoría de la población en la calle, protestando porque se cambien las políticas socialistas?*

—Está ocurriendo. Lo hemos estudiado muy bien con nuestras propias encuestas. Las hacemos con empresas como Keller y Asociados, con Latinobarómetro. Hacemos preguntas específicas: ¿qué opina usted de Fedecámaras? La percepción ha mejorado desde 33 % hasta 68 % en la última investigación de campo.

—*¿El 68 % de la población tiene una opinión favorable de Fedecámaras?*

—Sí, y sube aún más cuando se pregunta por la empresa privada. La meta nuestra es que Fedecámaras tenga el mismo porcentaje, aún no es así, lo cual es racional porque Fedecámaras no es el único representante de la empresa privada. Pero la población nos considera como el más representativo. La empresa privada y Fedecámaras son hoy en día mucho mejor valoradas que el Gobierno.

Ahora hay rechazo a la idea de las expropiaciones de empresas. Pregúntale al trabajador de Sidor si está más contento que cuando la empresa era privada. Pregúntales a los trabajadores de Sivensa, a los de Aceites Diana. Este proceso ha sido tan desastroso que no es capaz de exhibir ningún resultado favorable salvo Cantv y el Banco de Venezuela, porque son empresas de servicios.

Pero todos los demás son ejemplos fracasados. Entonces la gente está empezando a entender que este modelo no le da bienestar. No es gratuito que la empresa privada tenga una buena valoración, sus productos son los que se consiguen en el anaquel.

—*¿Esta situación ha frenado el avance del modelo socialista?*

—No tengo la menor duda de que hay un muro de contención, que gracias a las posturas de Fedecámaras, de Conindustria, de la empresa privada, seguir avanzando por ese modelo tiene un costo político mayor. Las expropiaciones casi han desaparecido y no es gratis, porque realmente se han dado cuenta de que no llevan a ningún lado. La toma de empresas se la piensan ahora mucho mejor que hace unos años. El trabajador mismo se opone a que eso ocurra.

Entonces, sí. Está ocurriendo un fenómeno que es que estamos teniendo en el consumidor, en la población un gran defensor, que es el objetivo fundamental. Si a mí me preguntan, es lo que queríamos lograr.

Que nos defendamos nosotros es una cosa; otra cosa es que nos empiece a defender la sociedad. Que la sociedad comience a interpretar a la empresa privada –y olvídate de Fedecámaras– como un valor fundamental de desarrollo. Eso para nosotros sería un éxito.

—*¿Durante su gestión tomó acciones determinadas para alcanzar este objetivo?*

—Totalmente. No solo durante mi gestión, este proceso comenzó cuando Jorge Botti era presidente. El programa se llamó Progreso y Bienestar. Comenzó desde la siguiente premisa: el Gobierno no nos escucha, tenemos que hablar con el país. Y hablar con el país es complejo porque es una entelequia difusa. Pero empezamos, poquito a poco; todavía nos falta mucho.

Es la primera vez en la vida que hemos ido a visitar barrios, que Fedecámaras ya no es ese edificio extraño donde una gente rica se enriquecía. Nos hemos encontrado con la sociedad, dimos charlas por semanas. Creo que di alrededor de 76 charlas en las universidades. Me encontré con las academias, con los trabajadores.

Aquí, en esta misma mesa, cada quince días se reúnen todas las centrales de trabajadores independientes, las que no son del Gobierno, porque tenemos puntos en común. Pero además logramos que el mensaje fuese el mismo, que se repitiera en las regiones. Lo que se decía en Caracas lo replicaban los presidentes de las cámaras regionales, el de Guasdualito, El Sombrero; eso fue creando una base de opinión importante. Aquí en Caracas las noticias del mundo empresarial pueden pasar por debajo de la mesa pero en la provincia son primeras páginas.

Esto fue ex profeso, una estrategia para compensar al poderosísimo aparato comunicacional que tiene el Estado, con el cual no podíamos competir. Pero como nuestros argumentos son mucho más poderosos y más contundentes, la gente comenzó a darse cuenta de que teníamos razón.

Al principio no fue fácil, pero cuando dices: «Va a haber escasez si no se hace esto», y ocurre la escasez, la gente empieza a decir: «Tenían razón los empresarios». Hoy en día lo que más le molesta al Gobierno es que esa batalla comunicacional que intentaron, en el sentido de que la guerra económica la hacíamos nosotros, no la ganaron. No la ganaron nunca. Las encuestas señalan que el venezolano considera que el responsable del problema económico en que estamos metidos es el Gobierno, no los empresarios.

Entonces, sí fue ex profeso. Pero esto es algo permanente, aquí no se puede bajar la cabeza y el ritmo.

—*¿Cuáles fueron los principales mensajes de esa estrategia?*

—Lo primero fue bajar el discurso, hacerlo entendible para la mayoría; la gente no sabe de términos económicos. Luego creamos mensajes claros como que los problemas existen porque el Gobierno no hizo lo que le propusimos, o explicar que cuando hay suficiente producción no existe el acaparamiento. Y la gente comenzó a decir: «Es verdad, Fedecámaras lo advirtió».

Pero además había un mensaje propositivo. No solamente nuestro compromiso de país sino la agenda parlamentaria, hicimos propuestas claras. También reconocimos que hemos cometido errores y no asumimos una defensa a ultranza de todos los empresarios. Dijimos: «Si hay empresarios deshonestos, métanlos presos con el debido proceso». No salimos a defender a cualquier empresa sin conocimiento de causa, porque esa no es la razón de ser de Fedecámaras. Eso nos convirtió en mucho más confiables que el discurso oficial.

Lo que ocurría era lo que decíamos que iba a ocurrir, eso convierte en confiable al discurso. Cosa que el Gobierno no ha podido hacer, el Gobierno dice una cosa aquí y otra allá. Mañana se desdice. También nos ha ayudado que el otro mensaje no es contundente. Me estoy basando en los resultados. Tenemos indicadores que demuestran que la gente está entendiendo mucho mejor un mensaje que Fedecámaras, predispuestamente y con una estrategia clarísima, asumió como parte de sus funciones.

—*Me llamó la atención que pidiera perdón por el tema de las captahuellas.*

—Ah, eso fue una ironía.

—*¿Por qué una ironía?*

—Fue decir «el Gobierno me obliga a poner captahuellas». Es como que me obligaron a darte un trancazo.

—*Bueno, pero algunas personas pueden decir ¿y por qué no se negaron a colocar las captahuellas?*

—Al mismo tiempo tomamos todas las medidas legales que podíamos hacer, demandamos contra la Ley de Precios Justos.

—*Demandaron en un Tribunal Supremo de Justicia que nunca les va a dar la razón.*

—Todavía no se ha pronunciado. La demanda fue introducida y no han respondido. O sea, que ni siquiera es que no nos ha dado la razón; es que no nos responde. Todavía no ha dicho que no. Pero era una ironía absolutamente. Tú me obligaste a hacer esto; yo les pido a mis consumidores perdón por tenerlos que someter a un indignante proceso de marcar su huella para que lo racionen. Pero reconozco que fue más una travesura y una ironía que un verdadero *mea culpa* de que estamos arrepentidísimos de hacer eso, sino simplemente era conectarnos más con la gente. Te pido mis excusas; no tengo otro remedio que hacerlo.

—*También fue una manera de aceptar que aquellos tiempos en que el empresariado podía desafiar al Gobierno y negarse a medidas de este tipo ya no son posibles.*

—No tenemos ni la fuerza ni la contundencia para desafiar al Gobierno y menos a un gobierno que no respeta las reglas de juego. Cuando desafías a un gobierno es porque tienes atributos legales, llámese Tribunal Supremo de Justicia, instituciones que crees que te pueden dar la razón en un conflicto. En este momento sería una temeridad. Esa es mi opinión personal. No comprometo el estilo de los que vengan ni de los que estuvieron.

Me parece que la forma inteligente de construir costos políticos es otra y no la de la confrontación directa. La confrontación directa nos dio malos resultados en el pasado y con un gobierno que no respeta ninguna regla de juego establecida y sin las instituciones para dirimir conflictos es absurdo enfrentarse. Hay que ser mucho más cabeza fresca y construir una estrategia mucho más ponderada que estar gritando o confrontándolo directamente.

—Una victoria de la oposición en las próximas elecciones para la Asamblea pareciera que podría abrir un conflicto de poderes. Cabe esperar que el Gobierno intente desconocer esa Asamblea o que el grupo de la oposición pretenda que el Presidente se marche cuanto antes, si tienen una victoria. En ese escenario, ¿cómo ve al sector privado, que ya está fuertemente debilitado? ¿Eso no puede terminar de desmantelar otras áreas del sector privado, una economía en crisis y mayor inestabilidad política?

—Caemos en el terreno político. Mientras fui presidente de Fedecámaras lo evité y me concentré en el tema económico, pero hoy puedo responder esa pregunta desde mi perspectiva. Creo que puede suceder con esta Asamblea que ocurran cosas como que volvamos a tener las reglas del juego un poco más claras; que volvamos a tener cosas como que si hay corrupción sea penada, independientemente de quién la hizo. En que podamos tener un marco regulatorio que te permita crecer y ahí dimos una propuesta completa que está extraordinariamente bien redactada, que tiene que ver con leyes laborales, que tiene que ver con leyes fiscales, que tiene que ver con leyes tributarias. Todo lo que nosotros creemos que debe ocurrir para que florezca el espíritu emprendedor.

Ahora, quien venga y quien agarre la Asamblea tendrá eso como un papel de trabajo y será libre de tomarlo o no. Eso es lo que en otros países ha ocurrido y es un experimento exitoso. Veremos qué es lo que resulta de esa Asamblea. Yo soy bastante optimista con lo que pueda ocurrir.

—¿No cree que el país vaya a entrar en una crisis política aún mayor o de ingobernabilidad?

—De ingobernabilidad, sí. Creo que es absolutamente necesario que eso ocurra para que lleguemos a un desenlace feliz en el país.

—*¿Ingobernabilidad por más escasez, desabastecimiento?*

—Creo es que van a mejorar las condiciones para que eso pueda revertirse en un corto plazo. Pero el que crea que por un cambio de Asamblea inmediatamente va a aparecer el producto, eso no es así. Creo que es sentar las bases con un nuevo parlamento, que discuta la verdadera composición de fuerzas que existe allá afuera. Que el parlamento sea lo que de verdad es. Yo no tengo la menor duda de que hoy la mayoría del país piensa que este modelo económico es equivocado. Y eso se tiene que reproducir en la Asamblea. En lo personal no tengo la menor duda de que hoy la inmensa mayoría del país cree que vamos por mal camino, que esta es la dirección incorrecta, que hay que corregir el rumbo. Eso tiene que reproducirse en la Asamblea. La Asamblea va a ser el primer paso, pero evidentemente va a haber una crisis de gobernabilidad con una Asamblea que no piensa lo mismo que el Gobierno. Ahí empiezan los procesos sociales. Es temerario hacer algún pronóstico, pero creo que es el primer paso para que empiecen a ocurrir cambios a nivel de gobierno.

—*Dijo en su discurso final: «Necesitamos unas fuerzas armadas que hagan exactamente lo que dice la Constitución, ni más ni menos». Entonces le pregunto: ¿y actualmente, qué hacen las Fuerzas Armadas?*

—No hacen lo que dice la Constitución. A continuación de ese párrafo leí el Artículo 228 de la Constitución, que establece que las Fuerzas Armadas no dependen de ninguna parcialidad política, están al servicio de la nación. Gran parte de los errores que hemos tenido en el país es la militarización en todos los sectores de la sociedad, hoy las Fuerzas Armadas están ideologizadas y este es un cascabel que nadie le quiere poner al gato. Este es un tema que nadie toca. No lo tocan los políticos porque de alguna manera piensan que los militares pueden ser parte de la solución. Yo también lo creo, pero para eso tienen que leer un librito que todos firmamos, que es nuestra hoja de ruta: la Constitución Nacional. Si los militares hacen exactamente lo que dice la Constitución, este país va a mejorar.

—*El presidente Maduro hizo un llamado a los empresarios para que traigan dólares al país en vez de solicitárselos al Gobierno. ¿Existe alguna posibilidad de que eso ocurra? ¿Cuánto puede tardar un proceso para que la empresa privada vuelva a invertir en ampliar su capacidad instalada, algo que desde los años ochenta hace en muy poca cantidad?*

—Los países que atraen inversiones establecen claramente que si alguien invierte puede retirar su capital cuando quiera a una tasa lo más predecible posible; esa es la regla número uno para atraer inversiones. La nueva Ley de Inversiones de Cuba establece clarísimamente estos conceptos. Ojalá que Venezuela tuviera una ley de inversiones como la que acaba de aprobar Cuba.

—*Un aspecto fundamental para atraer inversiones es la confianza. ¿Este gobierno puede generar confianza en el sector privado nacional e internacional?*

—Tiene muy poca posibilidad de generar confianza, este es el gran peso que tiene este gobierno. No es confiable ni para los empresarios venezolanos ni para los inversionistas extranjeros. No tiene las reglas del juego claras, las cambia cuando le parece, la propiedad privada no es respetada en su concepto como un valor sagrado fundamental. Así es muy difícil que alguien venga a invertir.

Eso no significa que aquí no haya negocios. La gente sigue haciendo negocios, compra y revende. Pero la inversión fuerte, la inversión programada, la inversión productiva, la inversión con largos procesos de recuperación de capital, esa no está ocurriendo en Venezuela. Salvo en el sector petrolero, limitadamente.

—*Ha señalado que «las empresas que el Estado intervino de manos privadas son ahora empresas sin inversión, sin producción y sin generar bienestar social ni en sus trabajadores ni en la comunidad. Casos como el de las empresas de Guayana, suerte de conejillos de Indias, de todos los experimentos fracasados socialistas». ¿Qué propone que se haga con esas empresas?*

—Todas mis empresas han estado en Guayana. Me jacto de conocer bastante bien el tema de las empresas mal llamadas básicas. Ahí tengo una relación de amor-odio con la estatización y la privatización. No soy un privatizador a ultranza ni mucho menos un estatizador a ultranza. Creo que puede coexistir una composición de empresas, privadas y públicas, que les dé a esas compañías lo que están llamadas a hacer: el sostén de la economía venezolana; pero que la gerencia sea tecnocrática.

Lo que no puede ocurrir ahí son esos experimentos socialistas de cogestión, donde escogen a los gerentes en un portón. No puede ser que el presidente de Sidor sea una persona que hasta ayer fue presidente del seguro médico, como ocurre ahora. Creo que es más importante la gerencia que discutir la propiedad, pero en ese tema pienso que hay empresas que no deben ser privatizadas, como Edelca, y otras que sí, como las del aluminio y el acero.

Cuando fui diputado defendí la privatización de Sidor hasta el fin; formé parte de los dos grupos, tanto del aluminio como del acero. Y sigo creyendo que esas empresas son privatizables. Quizás con un concepto en el cual tomes en cuenta a los trabajadores que tenían acciones y también a la comunidad, donde cualquier persona pueda comprar acciones. La privatización ya no es un esquema donde un señor compra la empresa para obtener todos los dividendos. La privatización es quitarle al Estado la facilidad de ordenar políticas en una empresa donde no tiene nada que hacer; el Gobierno no tiene nada que hacer produciendo acero.

Es necesario conversar con los sindicatos de Guayana, sincerar qué es lo que está ocurriendo con esas empresas. En Sidor hay dos mil ochocientas personas que van todos los días a cobrar pero que no trabajan. En el aluminio pasa lo mismo.

—*¿Y con las empresas estatizadas de otros sectores? ¿Qué puede hacer el Estado? ¿Sacarlas a la venta? ¿Devolvérselas a los antiguos dueños?*

—Devolverlas a los antiguos dueños es complejo. Tengo información que no puedo revelar porque me han pedido confidencialidad, de casos de empresas donde el Gobierno ha contactado a los antiguos dueños a ver si las podían retomar. La verdad es que las han destruido de tal manera que es prácticamente comenzar una empresa desde cero. Pero habrá empresas que sí, que puedan otra vez asociarse, echando para adelante con los trabajadores.

Empresas públicas que puedan estar inscritas en una bolsa de valores que funcione, donde tú o yo podamos comprar acciones. La empresa pública no es una empresa que está en manos del Estado. La empresa pública está en manos del público. En el caso de las grandes compañías del mundo como Microsoft o Google los ciudadanos pueden comprar acciones. Hay muchas fórmulas que ensayar.

Podría pensarse que algunas empresas pueden ser devueltas a sus antiguos dueños pero también lo importante es abrir el espacio y crear las condiciones para que surjan nuevas compañías. Crear condiciones para que actúen las fuerzas del mercado y del emprendimiento y, donde exista un nicho, seguro aparecerá la iniciativa privada.

—Ha estado en el sector político, fue diputado, conoce a miembros del Gobierno, como hablamos antes: Aristóbulo Istúriz, Alí Rodríguez. Desde su punto de vista, ¿por qué al gobierno de Nicolás Maduro le ha costado tanto tomar medidas en materia económica? Más allá de que no quiera cambiar el modelo. Pero medidas que incluso él mismo se propuso, como el aumento de la gasolina. De hecho, hizo una campaña por radio y televisión que hablaba de la necesidad de incrementarla y luego no se atrevió a realizar el ajuste.

—Las razones del porqué son todas especulativas. Lo que sí es obvio es que a este gobierno se le va a recordar como incoherente, incapaz de tomar decisiones, buenas o malas, ninguna. No las toma. Y eso es una tragedia para un gobierno.

La razón fundamental es que la trampa ideológica es muy grande. El Gobierno no es homogéneo. Todo el mundo sabe que el presidente Maduro no es el único que está mandando. Hay grupos radicales que creen que el modelo está fracasado porque no han profundizado lo suficiente, otros que piensan que fracasó y quieren regresarse. El Gobierno es una especie de saco de gatos y poner orden allí es bien complejo.

Luego está el tema Chávez. Se trata de un gobernante que tuvo popularidad porque era muy buen repartidor de dinero; sin dinero habría que haberlo visto. Se construyó toda una narrativa y toda una ideología a punta de dinero. A este gobierno, que no tiene esos recursos, le cuesta mucho decir que Chávez estaba equivocado porque sería como si el Papa Francisco dijera: «Los Diez Mandamientos no eran los que nos dio Moisés, son otros». Es muy complejo.

El propio presidente Maduro ha dicho que él no hubiera llegado jamás a la Presidencia de la República de no ser por una suerte de herencia transmutada que le otorgó Hugo Chávez. A eso le agregas algunos militares que estuvieron en el intento de golpe del 4 de febrero de 1992, que no deben ver con agrado que quien accedió al poder no es uno de ellos. Y además añades radicales que consideran que Maduro dejó de ser pragmático. Y funcionarios trasnochados, como Jorge Giordani, que vieron que su modelo fracasó y quieren torpedear cualquier posibilidad de cambio. Es complejo tomar decisiones.

Y creo que el presidente Maduro en vez de escuchar solo las voces que tiene cerca, debería escuchar a gente reconocida que ha pasado por crisis mucho peores que las de Venezuela. Lamentablemente se rodea muy mal. Se sigue rodeando muy mal.

—*¿Descarta que Nicolás Maduro pueda dar un viraje en materia económica?*

—Que me llamen inocente pero no lo descarto.

—*¿No hay ya un camino tomado y es imposible devolverse?*

—No veo al presidente Maduro diciendo que va a cambiar. Eso no lo veo. Pero sí veo al presidente Maduro corrigiendo muchos errores.

—*¿Después de las elecciones parlamentarias?*

—Después de las elecciones parlamentarias y cualquiera que sea el resultado. Va a tener que unificar el tipo de cambio, va a tener que aumentar la gasolina. Y si no lo hace, lo va a hacer otro y él va a perder la oportunidad histórica. Son cosas que son de racionalidad económica. La racionalidad económica no está reñida con la ideología que tú quieras defender.

Lo que sí no veo es al Presidente diciendo que tuvo una suerte de iluminación, que se levantó con un pajarito y tiene que cambiar. Eso no va a ocurrir.

Pero estoy seguro de que él entiende mejor lo que está pasando porque vive la crisis. Va a tener que corregir cosas y aplicar liberaciones de precios, ajustes en el tipo de cambio, ajustes en el servicio público. Ahora, no esperes que dé una rueda de prensa para decir que descubrió el agua tibia y que ahora es neoliberal. Eso no va a ocurrir. Tú me preguntaste si era capaz de rectificar, no si era capaz de reconocer la rectificación.

—*Podría pensarse que el Gobierno está incapacitado para dar ese viraje, que no tiene cómo reordenar la economía, cómo hacer un ajuste exitoso, y que definitivamente Venezuela va a una hiperinflación y a un caos mucho mayor. ¿Qué opina?*

—Creo que ese es el escenario más probable, coincido. Pero también le doy un escenario de menos probabilidad a que el Gobierno reaccione y eso es lo que más me gustaría ver, un hilo democrático constitucional continuo y seguido con un presidente que reconozca los errores y sea capaz de corregir.

Nicolás Maduro ha estado toda la vida negociando, fue canciller, fue sindicalista. Si se le puede atribuir una cualidad es la negociación.

—*Aparte de los encuentros públicos, ¿tuvo algún encuentro con Nicolás Maduro?*

—¿Privado? Nunca.

—*¿Con algún miembro del Gobierno?*

—Con Jorge Arreaza.

—*¿Cómo fue esta comunicación con el vicepresidente de la República?*

—Con Jorge Arreaza tuve una comunicación hasta el último día de mi gestión. No fue productiva pero la valoro. Cada vez que le consulté, pregunté, sugerí, obtuve una respuesta. No siempre satisfactoria ni mucho menos. Pero tuvo la cortesía, la decencia de responder en todos los casos. Era una comunicación no oficial. También tuve comunicación no oficial con diputados y ministros, que me llamaban, pero prefiero no nombrarlos.

—*¿Pero alcanzó algún acuerdo con el vicepresidente, así sea a través de la comunicación no oficial?*

—Había una carga ideológica que no permitía que nuestras sugerencias avanzaran, pero resolvimos algunos casos puntuales, de alguna empresa particular, a la que se le estaban violando derechos. Se corrigieron algunos pequeños problemas. Siempre pañitos calientes, nunca el fondo del asunto, como te dije antes.

—*¿Y con Aristóbulo Istúriz o Alí Rodríguez, sus ex compañeros de partido en Causa R, no hubo ningún encuentro?*

—Con Alí tuve una muy buena conversa. Alí está enfermo, lo cual lamento. Mi relación con Alí —nunca lo he dicho— fue la más íntima que yo pude tener jamás en la Causa R. Alí y yo cenábamos tres noches a la semana juntos, todas las semanas de la vida. Yo con Alí Rodríguez no tengo sino palabras de respeto, de amistad; fue una persona de la que aprendí mucho. Me sentía su amigo con las diferencias ideológicas que puedo tener con alguien que viene de la guerrilla. Alí era la persona con la que yo más me reunía en toda la Causa R. Alí y yo construimos una sólida amistad.

—*¿Esa amistad se mantiene?*

—Yo creo que todavía se mantiene. No la hemos probado porque no ha habido ocasión de que le pida cosas que él pueda cumplirme. Él me reconoció en privado que este gobierno no encontraba cuál era el papel del sector privado y que estaba muy lejos de resolver el problema del rentismo, que son dos problemas que lo agobian. Lo agobian de verdad. Alí Rodríguez ha escrito libros completos, teorías completas para salir del rentismo. Él ve el petróleo como lo que tenía que ser y yo creo que debe estar muy decepcionado de ver que esas dos cosas a las cuales les apuntó en la vida no se lograron cumplir.

—*¿Y con Aristóbulo Istúriz?*

—Con Aristóbulo he tenido muy poca, muy poca… la vida no nos ha encontrado más. Creo que Aristóbulo es un ejemplo de lo que el poder hace en las personas. Yo le tengo mucho miedo al poder, mucho miedo. Se lo tuve cuando estuve en la Causa R. Cuando el partido se divide, se rompe en dos: el PPT y la Causa R. Los del PPT estaban en otra cosa diferente a la que me gustaba. Estaban mucho más enterados del 4 de febrero de 1992 que los de la Causa R, y no mucho más enterados, mucho más involucrados. Y yo rechacé en ese momento la posibilidad absoluta de cualquier vía que no fuera constitucional. Después la rechacé nuevamente con Pedro Carmona. Yo no fui firmante del decreto[5].

Si alguien está en este país requeteprobado dos veces, por las dos vías, de que nunca se ha salido del hilo constitucional, soy yo. Y eso lo digo con orgullo. Jamás en mi vida lo he publicado, algún día lo haré con más detalle. A Pedro Carmona lo conocía muy bien. Creo que fui la última persona en salir de Miraflores. Todo el mundo puede contar su cuento, pero nosotros fuimos los últimos que salimos: Andrés Velásquez y yo. Y de ahí entraron a la firma del decreto y estábamos claros de que lo que iba a ocurrir allí era un desastre. Tanto así que altos jerarcas de la Causa R llamaron a Alfredo Ramos para que no firmara.

Fue el célebre: «—¿Dónde está Alfredo? —Está en el baño». En el baño no; estábamos saliendo de Miraflores en

---

5 Se refiere al decreto redactado por quienes derrocaron a Hugo Chávez el 11 de abril de 2002, que disolvió los poderes públicos.

un carro diciendo, textualmente: «Esta vaina se jodió». Y así lo dijimos.

Volviendo a Aristóbulo... Aristóbulo es la clara demostración de alguien a quien yo conocí campechano, humilde, sencillo y creo que el poder le ha hecho –como a muchos otros de la Causa R– un cambio sustancial en su vida. Creo que ha perdido la percepción. De aquel Aristóbulo que llegó a decir que «Chávez se fumó una lumpia» al Aristóbulo de hoy, incondicional defensor de lo indefendible, hay dos personas.

—*En caso de que se plantee la posibilidad de crear un nuevo modelo de desarrollo que trascienda la renta petrolera y busque aumentar la productividad, ¿piensa que los empresarios van a estar del lado de esa posibilidad de transformación o se opondrían como lo hicieron en los años 90 cuando en el segundo gobierno de Carlos Andrés Pérez se intentó un cambio de fondo en la dirección de la economía venezolana?*

Tengo mis dudas. Me encantaría decirte, para terminar esta entrevista, que estoy absolutamente convencido de que el empresario aprendió su lección; pero no me atrevo a decirlo. Este país todavía es un poco manguangüero. La verdad es que he encontrado a empresarios, a lo largo de mi recorrido por el país, que están dispuestos a apostarle a todo y lo que quieren es que el Gobierno los deje trabajar; y sigo encontrando empresarios que todavía creen que necesitamos protección.

Podría estar de acuerdo con sistemas de protección por un tiempo determinado. Desde mi punto de vista cualquier cambio que se plantee va a necesitar un sistema de protección para la empresa privada durante un tiempo prudencial.

Pero la prueba estaría cuando se acabe ese período y que el empresario que no pueda caminar solo, quiebre. Ahí todavía siento que hay desviaciones y que no hemos aprendido totalmente la lección. Creo que estamos mucho más preparados que hace unos años, pero todavía tengo mis dudas.

VI. La bomba demográfica y el empleo precario
Entrevista a Genny Zúñiga

DESDE EL AÑO 2000 y hasta 2045 Venezuela contará con una distribución de la población que ocurre una vez en la historia y técnicamente recibe el nombre de bono demográfico: la cantidad de personas en edad de trabajar superará a los jóvenes y a los ancianos. Por lo tanto, aumentará la mano de obra disponible para impulsar el crecimiento y el desarrollo, a la vez que disminuirán los recursos destinados a la crianza de los menores de 15 años y los adultos mayores.

La posibilidad de aprovechar el bono demográfico no es automática. Depende de que existan las condiciones adecuadas para que el país forme apropiadamente a quienes requerirán habilidades y destrezas y, a la vez, contar con una economía que genere suficientes empleos de calidad para garantizar el bienestar. De no enfrentarse con éxito la coyuntura el futuro tendrá el rostro de un anciano pobre.

Los trabajos de la socióloga Genny Zúñiga, miembro del Instituto de Investigaciones Económicas y Sociales de la Universidad Católica Andrés Bello, demuestran cómo un porcentaje muy alto de los venezolanos sobrevive en empleos de mala calidad, poco productivos, y alertan sobre la necesidad de cambios profundos para enfrentar el reto demográfico. Su perspectiva también abarca un país donde el trabajo pierde significado a manos de un «quiebre social» que ya ocurrió, sin la violencia de los estallidos como el sucedido el 27 de febrero de 1989, pero con grandes implicaciones para el corto y mediano plazo.

* * *

—*Desde los primeros años del gobierno de Hugo Chávez se instrumentaron una serie de planes para impulsar el empleo. Entidades financieras como el Banco del Pueblo y el Banco de la Mujer comenzaron a otorgar microcréditos, se implementaron programas como «Monta tu negocio», la Misión Vuelvan Caras que tenía como objetivo capacitar a jóvenes y adultos desempleados. Además se impulsaron las cooperativas. ¿Cómo evalúa el impacto que han tenido estas iniciativas en el empleo?*

—Si evaluamos el tema de la Misión Vuelvan Caras o el financiamiento a través de microcréditos para el emprendimiento notamos que estas iniciativas no se han traducido en el fortalecimiento de la producción en algún sector específico. No hay crecimiento de esas unidades productivas, no son capaces de contratar a otras personas e incrementar el número de puestos de trabajo.

Esto es importante porque la mayoría de las personas están ocupadas en microempresas pero no ha habido mejoras en el sentido de que podamos decir que la producción nacional está avanzando en determinadas áreas como calzado, textiles o alimentación. En las microempresas existen trabajadores que prácticamente están sobreviviendo y están allí porque el sector formal no les ofrece un puesto de trabajo.

La realidad es que las microempresas en muchos casos son una alternativa para los excluidos del mercado laboral formal y no una actividad económica que recibe inversión y programas de formación, capaz de evolucionar hacia un sector empresarial consolidado.

*—En un trabajo para el Instituto Latinoamericano de Investigaciones Sociales publicado en 2011 (*Políticas de empleo para grupos vulnerables*), usted dijo que «ya desde la propuesta electoral de Hugo Chávez la política de empleo no puede catalogarse como prioritaria». ¿A qué se refiere con esta afirmación?*

—Cuando escribí ese trabajo no había una política explícita para el empleo en el caso de los jóvenes. En Venezuela al igual que en otros países el desempleo en el segmento juvenil es muy alto, 20 % de la población entre 14 y 24 años está desempleada. Pero como señalaba, este elevado desempleo entre los jóvenes ocurre en otros países latinoamericanos y en otros continentes, por eso se diseñan políticas específicas para poder insertarlos en el mercado laboral.

Muchos años después es que comenzó a prestársele atención a este problema y se aprobó la Ley del Primer Empleo y otras iniciativas, pero para ese momento no existía nada. Otro aspecto a considerar es que no es una prioridad porque cuando revisas los documentos oficiales encuentras que lo único más o menos explícito sobre el tema del empleo es lo que está escrito en el Primer Plan Socialista 2007-2013. En este documento el eje económico son las microempresas que reciben el nombre de organizaciones de producción social y en el fondo la motivación era ideológica, enfrentar a la empresa privada.

Si en verdad hubiese sido una política bien articulada para apoyar al sector de las microempresas no tendríamos la situación laboral de este momento. Países como Suiza o Suecia tienen una economía sustentada en las pequeñas y medianas empresas, incluso en las microempresas. ¿Cuál es la diferencia? Que esos microempresarios suelen desarrollar una actividad asociada a la tecnología de avanzada, que no es nuestro caso. En Venezuela 70 % de la población ocupada labora en microempresas o en pequeñas y medianas empresas, de las cuales muchas están en actividades de subsistencia.

—*En el Plan Socialista 2007-2013 el Gobierno se propuso «la eliminación de la división social del trabajo, de su estructura jerárquica actual y de la disyuntiva entre satisfacción de necesidad y producción de riqueza». Para alcanzar este objetivo se proponía crear un modelo productivo que estaría «conformado básicamente por empresas de producción social. En las cuales no existen privilegios asociados a la posición jerárquica». ¿Qué tanto avanzó esta idea? ¿Se puede decir que se estancó el proceso?*

—Por parte del Gobierno el discurso ideológico sigue vivo, aunque en la práctica no funciona. El caso de Agroisleña es un buen ejemplo, allí se pretendió que no existiesen jerarquías entre los trabajadores, que no hubiesen jefes ni organigramas y que todos fuesen partícipes de las ganancias. ¿En qué terminó esta experiencia? En una empresa quebrada. Los casos de Fama de América, Lácteos Los Andes, son compañías que tienen graves problemas para producir, más allá de la escasez de materia prima. El modelo en sí mismo no funciona.

Para que cosas como estas funcionen tienen que ser experiencias de avanzada. Existe un caso muy particular, el único que conozco, está en Brasil y se puede consultar en el libro *Radical, el éxito de una empresa sorprendente* de Ricardo Semler, el dueño de la compañía. Su propuesta no es una empresa sin jerarquías sino una donde todos los niveles tengan poder de decisión o al menos sean escuchados por la alta gerencia. Es algo muy específico, adaptado a una realidad particular.

—*¿Cree que esta idea de empresas de producción social se está desvaneciendo?*

—El discurso puede que permanezca pero la idea ya no tiene la misma fuerza que cuando Hugo Chávez era Presidente de la República. En el período de Nicolás Maduro ha perdido fuerza la concreción, el ir más allá del discurso. También habría que tomar en cuenta que en este momento el Gobierno tiene problemas tan graves que no puede abarcar tantas cosas.

—*Desde el año 2003 y hasta 2045 la población venezolana tendrá una estructura que en teoría resulta ventajosa: quienes tienen edad de trabajar y producir superarán a los jóvenes menores de 15 años y a los mayores de 65 años. Esta condición, que se denomina bono demográfico, permite reducir los recursos destinados a la crianza de los hijos o a los ancianos y contar con una mayor mano de obra. ¿Cómo evalúa la manera en que Venezuela ha transitado los primeros 12 años del bono demográfico; ha estado en capacidad de aprovecharlo?*

—Comparar siempre ayuda a entender mejor. Los tigres asiáticos son un caso emblemático de países que han aprovechado una coyuntura demográfica como la que está viviendo Venezuela. El crecimiento que han tenido en el comercio internacional se deriva de que supieron aprovechar el bono demográfico. ¿Qué hicieron? Básicamente énfasis en la educación y en las políticas que tienen que ver con el desarrollo del mercado de trabajo y la economía.

En Venezuela ha habido una mejora en la matrícula de la educación básica pero en la educación media ocurre que 40 % de los jóvenes entre 15 y 19 años están fuera del sistema educativo. Tiene que haber un esfuerzo para incrementar el número de jóvenes que culminan el bachillerato y esto tiene que incluir un aumento de la calidad de la enseñanza.

El bachillerato actúa como una especie de peaje que pagan quienes quieren ingresar en las universidades, pero quien no tiene el plan de inscribirse en la educación superior carece de incentivo para culminarlo.

Hay que lograr que esos jóvenes que se gradúan de bachiller adquieran capacidades que les permitan insertarse en la actividad económica formal, crecer como trabajadores, iniciar una trayectoria laboral. En una familia pobre es muy costoso que un joven culmine la educación media y es más fácil que se retire si no tiene planes de continuar estudiando en la universidad.

—*¿Es necesaria una discusión a fondo sobre cómo modificar la educación media?*

—Esa es un área, además de garantizar mayor cobertura, analizar de verdad la calidad de la educación impartida. Otro aspecto es incentivar el desarrollo del sector privado para que impulse el mercado de trabajo. Sin producción nacional, competencia interna, una economía que pueda exportar, no va a haber camino. Si en este momento no tomamos las medidas adecuadas vamos a tener un costo social muy alto en el futuro, porque habrá una cohorte de población envejecida muy grande y una población en edad de trabajar incapaz de generar los recursos suficientes para que el Estado pueda proveer un sistema de seguridad social que proteja a los adultos mayores.

Es un escenario que a futuro se visualiza siempre muy negro. La buena noticia es que si se comienzan a hacer las cosas bien hoy, hay posibilidades de revertir la tendencia. Si en este momento seriamente el Gobierno se focalizara en trabajar en mejorar la educación y generar puestos de trabajo, dinamizar el aparato productivo, hay oportunidades de rescatar esta generación y aprovechar el bono demográfico.

—¿Qué efecto ha tenido la emigración de personas calificadas en la posibilidad de que el país aproveche el bono demográfico?

—Es difícil medir el efecto con precisión porque no hay suficientes estadísticas. Tenemos cifras de saldos migratorios muy antiguas y mucho menos sobre las características de quienes se marchan del país. Pero ciertamente ha habido una migración a Estados Unidos y a países como España, Italia y Portugal por la conexión cultural. Estudios independientes indican que es una migración calificada y allí es donde se enciende la alarma, más que el cuánto, quiénes.

Lo que me preocupa es qué motiva a la gente a irse porque la migración es un fenómeno mundial. La movilización de la población entre países ha ocurrido toda la vida por miles de razones. Una de ellas el tema económico, buscar mejores posibilidades de crecimiento, desarrollo profesional, pero en nuestro caso cuando hurgas un poco encuentras que existe algo más de fondo.

Aunque no se puede generalizar, en una tesis que hice con estudiantes detectamos que lo que está ocurriendo es que quienes deciden irse visualizan que su proyecto de vida no calza con el proyecto de país. Hay una inconsistencia con eso. No es que me voy a otro sitio porque considero que voy a estar mejor, no. Me marcho porque no compatibilizo con los valores, la cultura y comienzo a perder el arraigo con el país.

Allí es donde me asusto porque uno podría pensar que con los cambios adecuados que generen posibilidades de desarrollo y mejoren la situación general del país, quienes se marchan pueden regresar, pero si es un tema de desarraigo el retorno de esa población es mucho más difícil.

No sé qué impacto pueda tener en términos del bono demográfico porque no creo que sea un número tan grande como para que podamos decir que parte del bono se pueda perder por una fuga de talento; pero ciertamente es preocupante que la población más calificada es la que tiende a emigrar con más fuerza. Es un dato que hay que tener ahí presente, no para alarmarse ahora pero sí para tenerlo en el panorama o en el espectro y tomarlo en consideración si las circunstancias siguen iguales.

—*En 2008 usted realizó el estudio* La precariedad del empleo en Venezuela *y determinó que entre 1997-2008 hubo un incremento del empleo precario, es decir, aumentó en 3,8 millones el número de personas que tienen una jornada laboral superior a 48 horas semanales y ganan entre uno y dos sueldos mínimos, una jornada inferior a 35 horas semanales con salario inferior a un sueldo mínimo, o se desempeñan en un trabajo que está por debajo de su nivel de calificación. Concretamente entre 1997 y 2008 el empleo no precario disminuyó desde 30,2 % de los ocupados a 17,4 %. Llama la atención que esto ocurrió a pesar del* boom *petrolero 2004-2008. ¿Por qué piensa que el crecimiento que tuvo la economía en ese período no mejoró la calidad del empleo?*

—Porque el crecimiento económico estuvo basado en el ingreso petrolero. En realidad no hubo inversión y establecimiento de reglas claras que permitieran la creación de un sector empresarial sólido. En la medida en que eso no ocurre, la mayoría de los empleos que se crean no son trabajos de calidad.

Ese estudio generó un índice para medir la calidad del empleo porque más allá de los números del desempleo, del sector informal, el tema es ese y así lo entendió la Organización Internacional del Trabajo (OIT) y desde principio de los años noventa estableció indicadores para determinar la calidad del empleo. En países como Perú y Ecuador encontramos una batería de datos que permiten evaluar estas cosas.

En nuestro caso no es así. Entonces con uñas y dientes hicimos ese estudio. Digo uñas y dientes porque cuando finalmente tuvimos acceso a la base de datos oficial para poder construir los indicadores encontramos que la mitad de las variables a tomar en cuenta no existían. Por eso, por ejemplo, recurrimos al desequilibrio en el ingreso que es uno de los indicadores, pero existen otros sobre los que el país no puede dar cuenta por escasez de información.

Entonces combinamos cuántas horas trabaja una persona y el ingreso que recibe, la educación que tiene y el tipo de trabajo en el que se desempeña. La subocupación, personas que cumplen una jornada laboral incompleta pero quisieran trabajar más.

Ese *boom* petrolero no permitió mejorar los aspectos estructurales de la sociedad, trabajo, educación, salud. En el tema del empleo hay que considerar que se impulsaron las importaciones de cosas que antes se producían en el país, entonces hubo un desplazamiento hacia el comercio.

—*¿Exporto petróleo, obtengo petrodólares, con eso importo y buena parte de la población trabaja en la distribución de esas importaciones?*

—Correcto. Por eso es que no se producen mejoras en la calidad del empleo. Existe una masa importante de personas ocupadas en las tiendas de un centro comercial. ¿Quiénes son esos? Personas de baja calificación que no tienen dónde insertarse. ¿Por qué terminan ahí? Porque tampoco tienen una educación adecuada. Por eso siempre hablo de la moneda de dos caras, educación y desarrollo del mercado de trabajo al mismo tiempo.

De nada sirve una gran cantidad de personas capacitadas o graduadas, como dice la campaña propagandística del Gobierno con el tema de la inserción de los jóvenes en las universidades, sin una economía sólida. ¿Dónde van a trabajar esos médicos, comunicadores sociales, abogados si no hay un mercado laboral desarrollado?

Y otro tema es la educación técnica, ¿dónde está la capacitación en oficios? Puede sonar muy rudo decirlo así, pero no todo el mundo tiene que estudiar en la universidad. Así como se necesitan médicos, se requieren plomeros, carpinteros, técnicos de cualquier tipo. La gente debería tener la posibilidad de escoger qué quiere hacer y desarrollarse y vivir dignamente con esa decisión.

—*El estudio sobre el empleo precario determinó algo que llama mucho la atención. Al analizar la estructura del empleo determinó que de los 11,5 millones de ocupados solo dos millones, es decir, el 17,4 % se desempeñaba en empleos no precarios en 2008 mientras que en 1997 esta proporción era de 30,2 %. Sin embargo entre 2004-2008 disminuyó la pobreza por ingresos. ¿El empleo aún precario favorece la caída de la pobreza?*

—El Gobierno tuvo un aumento de ingresos muy grande gracias al *boom* petrolero y en esas condiciones es muy fácil que la población se beneficie por distintas vías porque ocurre una especie de goteo cuando inyecta esos recursos. Una de ellas es que las personas se dedican a vender mercancías, los cinco miembros de una familia se suman al comercio informal. Otra forma es ser el beneficiario de algún programa de ayuda como los contemplados en las misiones. Además el Estado aumentó su tamaño e incrementó la cantidad de trabajadores en el sector público. A través de estos canales ocurre una reducción de la pobreza por ingresos.

Pero esa reducción de la pobreza no sucede porque las personas —como te decía antes— se insertaron en una ocupación que les permitió crecer, desarrollarse, avanzar de acuerdo a su trayectoria laboral, eso no ocurre en Venezuela. Por ejemplo, si eres vendedor en una tienda ingresaste el año uno ganando sueldo mínimo y en el año cinco continúas ganando sueldo mínimo. No hay política salarial.

Una política salarial implicaría considerar cómo el trabajador va a incrementar sus ingresos a partir de mejoras en la capacitación, por su experiencia, porque la empresa crezca.

—*Cuando evalúa los sectores donde se concentra el empleo precario este estudio indica que son comercio al detal, restaurantes y hoteles y manufactura. Concretamente usted señala: «Llama la atención que en la industria manufacturera, sector emblemático de la industrialización y que por lo tanto debería generar empleos de calidad, casi 70 % de sus trabajadores son precarios». ¿Cómo se explica este resultado?*

—Cuando analizamos al sector encontramos que en Venezuela 76 de cada 100 empresas son pequeñas. Cuando se revisa a qué se dedican estas pequeñas empresas aparece que principalmente están en el área de la manufactura pero no se trata de compañías enfocadas en la producción y en el uso de tecnología. Estamos hablando de, por ejemplo, señoras que hacen tortas y las venden en las cantinas de los colegios. De eso estamos hablando. Por esa razón es que el porcentaje de empleos precarios, en nuestro caso, en ese sector, es tan grande.

—*En el fondo el tema es que el sector manufacturero es muy subdesarrollado.*

—Exactamente. En algún momento hubo un tejido empresarial más fuerte. Recuerdo que en los años 80 existía una gran cantidad de fábricas de zapatos en Catia. Eso era un sector manufacturero de pequeñas empresas más desarrollado que el que tenemos en este momento. Si eso hubiera continuado su inercia, su trayectoria, en un contexto normal se habrían convertido en empresas de mayor tamaño y tal vez hasta estuviésemos exportando zapatos, nuestro calzado era de muy buena calidad.

Lo que ocurre con la manufactura en Venezuela es que principalmente hablamos de una industria muy limitada.

—*Entre los factores que permitirían mejorar la precariedad del empleo está la educación. Usted ha señalado que «buena parte de la formación que reciben nuestros estudiantes resulta inútil frente a las actuales necesidades del país. Por otra parte, los programas de capacitación para jóvenes muchas veces favorecen una inserción temprana con una preparación aún incompleta, con lo cual se tienen parte de los ingredientes básicos para la perpetuación de la pobreza». ¿Cómo evalúa el impacto de las misiones educativas como Misión Ribas o Misión Vuelvan Caras en este tema de la formación?*

—La cantidad de personas que se han beneficiado de estas misiones es difícil de determinar. Los datos no son muy transparentes. Pero cuando uno revisa los pénsums, algo que hice cuando empezó el *boom* de las misiones educativas, llamaba mucho la atención que había una estructura muy condensada, en un trimestre los estudiantes veían lo que se podía ver en dos años. Era como atapuzarles la información a los jóvenes para que finalmente tuvieran un papel que dijera que son bachilleres o que habían superado el sexto grado. Quedaban muchas dudas sobre el diseño del pénsum de estudios que se les estaba impartiendo.

Otro aspecto es que no eran programas focalizados; para este gobierno la focalización no es el tema sino la universalidad. Cualquiera podía ingresar. Diría que es una política con buenas intenciones pero por su mal diseño no tiene el impacto que debería tener. Los más excluidos de la educación media son los jóvenes que están en las zonas rurales, ¿realmente son ellos los que se benefician de estos programas?

Cuando uno revisa los datos que arroja la Encuesta Juventud, realizada en 2013, queda claro que todavía las diferencias entre los sectores más alejados de las ciudades y los centros de mayor dinamismo económico y social son muy grandes.

—*¿Qué importancia cree que ha tenido el hecho de que el Gobierno dividiera el movimiento sindical en el tema de la calidad del empleo?*

—Mucho. Los sindicatos en Venezuela nunca fueron una instancia realmente sólida, es cierto que existían deficiencias, las denuncias por corrupción, pero había una estructura. En este momento es difícil decir que el movimiento sindical tiene alguna fuerza, esta es una de las tantas cosas muy graves que se han perdido en este gobierno.

Cuando no existen instituciones en materia de sindicatos, los trabajadores no están protegidos. Y mucho menos cuando además se cierran los espacios donde pueden proponer, exigir, como la Comisión Tripartita que sentaba en una misma mesa a empleadores, trabajadores y el Estado. La última reunión de este tipo se hizo en 1997.

En la medida en que los trabajadores no tienen una representación que luche por sus reivindicaciones laborales evidentemente se desmejora la calidad del empleo. Si no existe alguien con suficiente fuerza para exigir que las empresas paguen lo que está previsto en tickets de alimentación, por ejemplo, que estén al día con el Seguro Social, que se firme la contratación colectiva, en esa medida la debilidad del movimiento sindical afecta la calidad del empleo.

—*El Estado se convirtió en un gran empleador pero creó un movimiento sindical que le es totalmente afecto, incapaz de presionarlo y exigirle reivindicaciones laborales.*

—Por eso digo que hay una debilidad muy grande, no existen sindicatos capaces de plantarse y sostener conversaciones de ese tipo. Se creó una estructura paralela. Lo mismo ocurre con las misiones, que en muchos casos no eran implementadas por los ministerios.

—*Han pasado siete años desde que se midió el tema del empleo precario. Pero ahora usted participó en la elaboración de la Encuesta sobre Condiciones de Vida en la que trabajaron la Universidad Católica Andrés Bello, la Universidad Simón Bolívar y la Universidad Central de Venezuela. Allí se señala que al cierre de 2014 al tomar en cuenta las personas que trabajan menos de 15 horas a la semana el desempleo es de 11 %. ¿Las mediciones clásicas son muy incompletas?*

—El problema no está en cuántas personas pueden estar desocupadas según las mediciones clásicas porque en este momento cualquier persona que esté en una cola esperando a que llegue algún producto a precio regulado para revenderlo va a ser registrada como que está trabajando. Según la metodología, si el encuestador pregunta: «¿Usted la semana pasada hizo alguna actividad en la cual estuvo al menos una hora trabajando y con la cual tuvo algún ingreso o remuneración de cualquier tipo?», la persona va a decir que sí y es registrada como ocupada. Alguien que hace una cola para comprar un champú en 30 bolívares y revenderlo en 300 bolívares aparece como que está trabajando porque esas estadísticas arrojan luces sobre algunas deficiencias del mercado laboral, pero no están diseñadas para captar otro tipo de situaciones.

Si alguien trabajó al menos una hora la semana anterior a la encuesta aparece como ocupada. Son definiciones que no las inventó el Gobierno, están consensuadas por los distintos países de la región y son mandatos que vienen desde la Organización Internacional del Trabajo porque permiten comparar.

Entonces cuando investigas más encuentras que si al 7 % de desempleo le añades las personas que trabajan menos de una jornada laboral, que es lo que podemos catalogar de subocupados, el número aumenta hasta 11 %.

—*Según esta Encuesta de Condiciones de Vida, cuando se suma a las personas que trabajan menos de 15 horas a la semana, las que trabajan más de 35 horas semanales y obtienen una remuneración igual o inferior a un salario mínimo, o que trabajan más de 48 horas a la semana y obtienen menos de dos salarios mínimos, se llega a la cifra de 33 % de los ocupados. ¿Esta cifra es elevada?*

—Sí, es alta. Eso es lo que llamamos el índice de condiciones críticas de ocupación, que en México es menos de 20 %. Efectivamente cuando sumas el subempleo, las personas que quieren trabajar más horas y el mercado laboral no se lo permite, las personas que reciben una remuneración igual o menor a un salario mínimo o que trabajan más de 48 horas semanales –que es prácticamente esclavitud– por menos de dos salarios mínimos, estamos hablando de un tercio de los ocupados con condiciones críticas.

¿Críticas por qué? Porque se trata de personas que trabajan mucho y ganan poco, o desean trabajar más pero no lo logran y reciben una remuneración menor o igual a un salario mínimo.

—*Al analizar el ingreso la Encuesta de Condiciones de Vida señala que «en promedio, los ingresos en Venezuela, independientemente de la categoría ocupacional, se ubican cerca del salario mínimo de referencia». En un contexto de alta inflación como el actual este salario está perdiendo capacidad de compra aceleradamente. ¿Va a aumentar el número de pobres con empleo en el sector formal?*

—Sí, sin duda. De hecho, esta Encuesta de Condiciones de Vida ya empieza a reportar unos niveles de pobreza bastante más altos que la tendencia que se visualiza con los datos del Instituto Nacional de Estadística.

Nosotros pensamos que esto va a empeorar por la aceleración de la inflación. Si observamos proyecciones como las que hace la firma Ecoanalítica, porque no tenemos estadísticas oficiales, este año el país va a cerrar con una inflación superior a 150 %, una barbaridad que sin duda va a impactar en términos de pobreza.

Por más que el gobierno decrete incrementos de salario mínimo estos aumentos no van a compensar una inflación de este calibre, siempre se van a quedar atrás. Esto es grave porque lo que determina la Encuesta de Condiciones de Vida es que 40 % de los trabajadores obtienen un ingreso que es igual o inferior al salario mínimo, esto es muchísimo. Si amplías la medición aparece que 80 % de los trabajadores reciben entre uno y dos salarios mínimos.

Ciertamente, si seguimos con este ritmo inflacionario los niveles de pobreza se van a disparar, pero además tenemos que considerar que al tema de la inflación se añade que el ingreso por la vía del petróleo ya no es el mismo, no tenemos el *boom* de altos precios del crudo y ese goteo que permitía disminuir la pobreza ya no existe.

Entonces, los niveles de vida de la población por la vía del ingreso van a empeorar. Con el agravante de que cuando se disfrutó del *boom* petrolero no se mejoraron las condiciones estructurales. De haberlo hecho, hoy como país podríamos contar con algunas herramientas para soportar el bajón de los precios del petróleo. Eso no ocurrió.

—*Un dato importante es que esta encuesta indica que tomando en cuenta a los obreros del sector público, el 36 % de los ocupados trabaja para este sector mientras que el 26 % lo hace para el ala privada de la economía. Considerando que el Es-*

tado tiene un déficit fiscal enorme y que el sector privado atraviesa por una coyuntura de falta de materias primas y recorte de producción, ¿qué le espera a quienes se están sumando hoy al mercado laboral?

—Lo que hemos visto es que la gente se autoemplea. Por eso es que otra cifra que seguramente debería comenzar a incrementarse en esta coyuntura es la del número de personas que se desenvuelven en el sector informal de la economía.

—*Ciertamente las últimas cifras del Instituto Nacional de Estadística (INE) sobre el empleo indican que al comparar enero de 2014 con enero de 2015 la cantidad de trabajadores ocupados en el sector informal aumentó en 455.935 personas y en el formal en solo 93.989. ¿Cree que esta tendencia va a profundizarse por la recesión?*

—Sin duda. Recientemente me reuní con el director de una importante empresa multinacional que tiene operaciones en el país en el área de alimentos para hacerle una presentación sobre el mercado laboral. Me explicó que en 2015 se le han ido 40 trabajadores, porque se marcharon de Venezuela, que ocupaban cargos en la gerencia media e incluso superior. Para reemplazar a este personal calificado hay problemas graves porque no abunda el recurso humano formado para estas responsabilidades. Por otro lado, si la empresa quiere despedir a trabajadores que no cumplen eficientemente con sus tareas y sustituirlos por otros, las trabas son enormes.

Este es el caso de una gran multinacional. Cuando analizamos a empresas más pequeñas lo que ocurre es que no contratan a nuevo personal para reemplazar al que se marcha del país o se va de la compañía porque no tienen cómo sostener los gastos. Entonces, por ejemplo, la persona que trabaja en el área de divisas y se encarga de las importaciones de materia prima, también atiende a otro tipo de proveedores que antes eran responsabilidad del trabajador que se marchó. Lo que quiero explicar con estos ejemplos es cómo se va restringiendo el sector privado y esto va a seguir así mientras continúe la actual situación de la economía.

—*¿El crecimiento del sector informal implica que principalmente las personas que ingresan al mercado laboral se van a emplear en qué cosas?*

—Principalmente en comercio y manufactura a ese nivel muy pequeño que comentamos anteriormente. Por comercio me refiero principalmente a vender cosas, películas, quioscos, ese es el tipo de actividades que la gente hace para autoemplearse.

Aparte de los que ingresan al sector informal otros tendrán suerte de insertarse en algún subempleo en el sector formal.

—*¿Piensa que la inamovilidad laboral va a evitar que esta recesión se traduzca en un salto importante del desempleo abierto?*

—No. Algunas empresas reducen personal a pesar de la inamovilidad laboral, buscan la manera de llegar a acuerdos con los trabajadores aunque les resulta costoso. Pero hay que tener presente que el cambio en el indicador del desempleo no es algo que va a ocurrir de un día para otro, de un año para otro. No estamos en una coyuntura similar a la del paro empresarial o el golpe de Estado 2002-2003. Tendría que pasar una cosa muy extrema como para que el desempleo que está en 7 % aumente hasta 12 % y al año siguiente salte hasta 16 %, como ocurrió en esos años. Lo que nosotros vamos a presenciar es una tendencia creciente. El desempleo en este año (2015) estará en 7 % u 8 %, y probablemente el próximo año en 10 %. Y así sucesivamente, si las condiciones actuales continúan.

Si eliminaran la inamovilidad laboral tal vez habría un impacto más fuerte, pero de mantenerse la medida lo más probable es que las empresas continúen buscando estrategias para reducir el número de trabajadores a través de acuerdos o distintos manejos legales.

—Usted ha señalado que el empleo no ha sido un elemento estratégico en los planes de desarrollo. ¿Cuáles serían los cambios que habría que hacer para crear empleos no precarios y productivos?

—Evidentemente hay muchas cosas por hacer. Lo primero es plantearnos el entorno. Supongamos que existen unas condiciones propicias para que la economía camine. Que no hay control de cambio, que se acaba el exceso de fiscalización a las empresas, que el país pasa a tener seguridad jurídica y que existe un verdadero árbitro para las relaciones laborales, que no permita malas prácticas, injusticias por parte de los empresarios y que realmente proteja al trabajador.

¿Por qué digo proteja realmente? Porque no es verdad que se protege al trabajador cuando le permites que no cumpla con sus responsabilidades y siga cobrando. Eso no es una real protección, se requiere un marco legal que propicie una relación sana entre empresarios y trabajadores.

Si se lograran estas cosas el impacto sería enorme. Lo único positivo de la situación actual es que es tan negativa que si el Gobierno diese indicios de querer cambiarla, la reacción del sector empresarial sería distinta. Habría más confianza para la inversión y eso impulsaría la creación de puestos de trabajo diferentes a los que se han generado hasta ahora.

—¿Piensa que el gobierno de Nicolás Maduro puede llevar adelante esta agenda?

—No lo sé, pero lo que observo en este momento es que no pareciera existir conciencia sobre la necesidad de tomar medidas que corrijan el rumbo. En vez de evaluar otro tipo de acciones, la conducta del Gobierno ha sido viajar al exterior a solicitar créditos, continuar endeudando al país para aumentar los recursos disponibles e importar.

Aparentemente la racionalidad es que el costo político de tomar medidas que corrijan el rumbo de la economía es mayor que el rechazo que existe actualmente a la gestión del Gobierno. Por esa razón creo que, hasta ahora, no se van a tomar medidas que cambien esta situación.

—*¿Si no hay un cambio de rumbo, cuál puede ser el futuro en el corto o mediano plazo?*

—Muy incierto. Hace unos meses una empresa me pidió una presentación sobre las características del contexto social y me solicitaron expresamente que abordara el tema de si va a ocurrir o no un estallido social en Venezuela. La verdad es que no tengo una bola de cristal para responder este tipo de cosas. Nadie sabe si va a haber un estallido social mañana, dentro de un mes. Pero lo que quiero señalar es que pareciera que se sigue esperando que ocurra algo más grave de lo que ya ha pasado para decir que hubo un quiebre social. Para repetir esa frase, que no me gusta para nada, que se utilizó tanto en 1989 después del 27 de febrero: los cerros bajaron. Disturbios, saqueos, hay quienes están esperando eso como la medicina para superar este trance que estamos viviendo. Porque en el fondo es como esperar que reviente para que quede atrás y venga algo mejor. Y eso no necesariamente es así.

Eso por un lado. Lo otro que me parece importante es preguntarnos: ¿qué más tiene que pasar? ¿Realmente es necesario que haya una situación de desorden social como la que tenemos en la cabeza para que ocurra un quiebre? No. El quiebre social ocurrió hace rato.

—*¿Concretamente a qué cosa denomina un quiebre social?*

—El quiebre social es todo lo que hemos estado hablando. Las dificultades en materia educativa, la desinstitucionalización del país en todo sentido, las estructuras paralelas asociadas a los programas de salud, educación, los sindicatos. Desinstitucionalización es la existencia del Estado como un poder que lo arropa todo, personalista y que no permite oxigenar a la sociedad en su desarrollo. La sociedad es como un organismo que necesita oxígeno y ese oxígeno no está fluyendo. Y para que ese oxígeno se produzca necesitas tener una estructura y esa estructura no existe. Eso es un quiebre social.

Un quiebre social es que alguien diga que está haciendo una cola para comprar productos y revenderlos y considere que está trabajando. Que un joven diga que no quiere seguir estudiando para terminar el bachillerato porque el bachillerato no le sirve para nada. Que los padres de una familia en un sector popular tengan que sacar a los hijos de la escuela porque no pueden seguir pagando el colegio y tienen que ponerlos a trabajar porque si no no comen. Eso es un quiebre social. Eso ya ocurrió.

—*La Encuesta sobre Condiciones de Vida detectó que la pobreza por ingresos aumentó significativamente en 2014. ¿Qué debería hacerse desde el punto de vista del empleo para evitar que esos nuevos pobres pasen a la categoría de pobreza estructural?*

—Mejorar las condiciones de empleo, hacer que disfruten de una verdadera política salarial, capacitarlos a nivel técnico. Por ejemplo si a quienes hoy están revendiendo productos con precios regulados los formas para que operen máquinas para que puedan trabajar en empresas, evidentemente les mejoras sus perspectivas y evitas que permanezcan en la pobreza, porque van a contar con más educación y más ingreso. Por eso en muchos países el empleo es una de las principales políticas sociales. En los países desarrollados, el empleo es uno de los elementos más importantes para garantizar que la gente salga de la pobreza y se mantenga fuera de ella. Darle herramientas a la gente para que por sí misma puedan garantizarse sus condiciones de vida.

Otro tema es comprender que los programas sociales son para poblaciones que están en condiciones de vulnerabilidad tal que por sí mismas no pueden salir de la pobreza. Para eso son las políticas sociales. Por eso el tema de la focalización y universalización está distorsionado. Solo a quienes no tienen la posibilidad de salir por sí mismos de la pobreza, porque su situación es extrema, es a quienes se debe ayudar con los programas sociales. Garantizar que esa población mejore.

Por ejemplo, gente que está en pobreza extrema significa que no están pudiendo comprar alimentos ni siquiera para suplir sus necesidades nutricionales básicas, están en riesgo de desnutrición incluso. Tú tienes que garantizar que esa gente se alimente, pero al mismo tiempo es necesario darles educación y hacer que ya no necesiten del programa de ayuda. Esa concepción de política social yo creo que el Gobierno no la tiene muy clara.

—*Hablemos un poco de lo que el Gobierno llama bachaqueros. Desde su punto de vista se trata de personas que deben ser combatidas porque especulan al revender productos básicos. ¿Pero esto no puede verse como una respuesta lógica a los incentivos que se han creado en el sentido de que un medio kilo de café que cuesta 23 bolívares puede revenderse en 400 bolívares por la escasez? ¿Qué efecto está teniendo el «bachaquerismo», como lo denomina el presidente Maduro, en la sociedad venezolana?*

—Me temo que va a tener un efecto de largo plazo. Tengo mucha preocupación en ese sentido porque es una distorsión en términos de la cultura del trabajo. El trabajo es el esfuerzo, el trabajo es el crecimiento. De hecho, cuando uno revisa sociológicamente lo que es el trabajo, el trabajo es lo que define al individuo, lo que te hace ser. Entonces que una cosa tan delicada y tan significativa para un sujeto se convierta en eso evidentemente es preocupante. Mi temor es que va a tener repercusiones serias en lo que la gente va a entender por trabajo y vamos a tener que reconstruir esa cultura.

Conozco a un sacerdote que tiene una escuela granja en la frontera, en la Guajira, y dice: «¿Cómo hago para retener a estos jóvenes? Se tienen que parar temprano, trabajar todo el día, estudiar, y ganan una tontería; cuando saben que pasando un tanque de gasolina de moto al otro lado de la frontera en un día obtienen lo que ganarían en seis meses».

Es una tragedia. Si eso se instaura en el país, como pareciera que está ocurriendo, significa que nosotros vamos a tener que comenzar no solamente a capacitar a la población en cosas técnicas, también a promover el valor del trabajo en sí mismo, para que la gente vuelva a reconducirse como ciudadana.

VII. Maduro más allá del punto de no retorno
Entrevista a Alejandro Grisanti

Durante los últimos quince años Alejandro Grisanti ha seguido muy de cerca el desenvolvimiento del chavismo. Desde 2008 se desempeña como analista jefe para América Latina en Barclays Capital, una de las entidades financieras de mayor relevancia en los mercados globalizados. Entre 2004 y 2008 creó e impulsó a Ecoanalítica, que figura en el grupo de las consultoras de mayor prestigio en el país. Y entre 2000 y 2004 fue el economista jefe del Banco de Venezuela, cuando las riendas de la institución las tenía el Grupo Santander.

Doctor en economía graduado en la Universidad de Pennsylvania y autor de reportes sobre el curso de Venezuela que son leídos por los grandes fondos de inversión que adquieren bonos de la república, continuamente viaja a Caracas para reunirse con funcionarios del Gobierno.

El escenario que contempla resulta de gran valor para comprender la magnitud de los problemas y el camino que podría tomar la administración de Nicolás Maduro en un entorno político cada vez más incierto.

* * *

—*Venezuela inició un largo colapso en los años 70 cuando la economía comienza a sufrir una caída constante que solo se interrumpe por pequeños altibajos. ¿Desde su punto de vista qué ocasionó ese descenso? ¿Qué lectura hizo el chavismo de este declive? ¿Cómo cree que influye este punto de partida en lo que va a ocurrir en los años siguientes?*

—Desde 1920 cuando se descubre el petróleo hasta finales de los años 70, gracias a la locomotora que significó esta fuente de riqueza, Venezuela fue el país de mayor crecimiento en el mundo con un promedio de 7,6% al año y cada nueve años duplicó el tamaño de la economía. Por el alto crecimiento de su población, el PIB por habitante crecía 4,6% y era capaz de duplicar el ingreso en tan solo 15 años. En ese lapso Venezuela fue un país de oportunidades, de gran estabilidad, donde llegaron millones de europeos, principalmente italianos, españoles, portugueses, que huían de las secuelas de la Segunda Guerra Mundial. También llegaron argentinos y chilenos que buscaban democracia y escapaban de las férreas dictaduras que vivían sus países. Por último llegó una inmensa ola migratoria de Colombia buscando la seguridad ante la violencia que sufrían. Venezuela era un país próspero, económicamente dinámico, con buenos estándares de seguridad y profundamente democrático.

Pero ese país estable comenzó a perder el rumbo con el aumento que experimentaron los precios del petróleo a principios de los años 70 y cometió una serie de excesos, de malos manejos macroeconómicos que lo sumergieron en un profundo desajuste, que se tradujo en que el bienestar comenzó a retroceder. En la década de los 70 se produce un fuerte incremento de la desigualdad, en la de los 80 una prolongada caída del poder adquisitivo. Este país más desigual y con menor nivel de bienestar se levanta en el Caracazo de

1989 contra unas medidas que estaban encaminadas en la dirección correcta pero ciertamente muy mal comunicadas: reducir el capitalismo de Estado, apoyo a la producción de riqueza a través del sector privado para mejorar los estándares de vida de todos los venezolanos. Los 90 son la década de retroceso de la política: dos golpes de Estado, el surgimiento de la antipolítica y el entierro de los partidos tradicionales. Los venezolanos pusieron su esperanza en un vengador: Hugo Rafael Chávez Frías.

Desafortunadamente este vengador no comprendió el problema, no aprendió de nuestra historia reciente y profundizó y repitió los mismos errores. Este segundo período de elevados precios del petróleo que comenzó en 2004 y que al menos en este momento parece haber llegado a su fin, está teniendo como resultado un país con severos problemas macroeconómicos, con una elevada desigualdad social, con caída del poder adquisitivo y con niveles de pobreza muy similares a los ya muy elevados de 1998. Estos diez años de grandes ingresos que se han debido utilizar en obras de infraestructura, en inversión, en fortalecer al sector privado para disminuir la enorme dependencia del petróleo, dejan a una Venezuela en crisis.

—En su opinión, ¿cuáles son las características principales del modelo económico que aplica Hugo Chávez y cómo se explica el éxito que tuvo en materia de crecimiento entre 2004-2008 y 2011-2013, a pesar de que existían los controles de precios y de cambio que hoy se consideran como fuentes de grandes distorsiones? ¿Fue este un crecimiento de buena calidad?

—No estoy de acuerdo con la afirmación de que en Venezuela se produjera algún éxito en materia de crecimiento económico. En mi opinión los logros son ínfimos ante un entorno internacional muy favorable para las economías emergentes, especialmente para aquellas productoras de materia prima, y dentro de estas últimas, para los países petroleros. Entre 1999-2014 las principales economías de América Latina crecieron en promedio 3,9% al año, el mayor crecimiento promedio de los últimos 40 años, mientras que Venezuela solo creció 1,9%. Estamos hablando del crecimiento del PIB, es decir, América Latina creció más del doble que Venezuela.

Pero esto es una comparación benigna para Venezuela, que es el único gran productor de petróleo de la región. Entonces es interesante contrastar qué ocurrió en otros países petroleros y allí encontramos que mientras Venezuela creció 1,9% en promedio, los miembros de la OPEP –sin tomar en cuenta Venezuela– crecieron en promedio 5,7% al año, cifra tres veces superior al crecimiento venezolano.

Este dato de los países OPEP es muy importante porque nos dice que la conflictividad política no es la causante del pobre desempeño de Venezuela. Países que tuvieron igual conflictividad política o mayor, estamos hablando del caso de Irak, que tuvo una guerra; del caso de Libia, que también tuvo una guerra; el caso de Argelia donde hubo deposición de su Presidente, alcanzaron un crecimiento mucho más alto que Venezuela.

Si lo mides en términos de inflación pasa exactamente lo mismo: Venezuela es durante el período 1999-2014 el país que tiene la mayor inflación tanto de América Latina como dentro de los países OPEP. América Latina registra una inflación promedio anual de 6,5% durante los 15 años que estamos hablando y los países OPEP de 14%. En Venezuela el promedio anual de inflación es de 25,7%.

Estas dos variables son interesantes para medir el éxito o fracaso del modelo económico. El crecimiento deja al descubierto la capacidad de producir riqueza, bienestar, empleos productivos, y la inflación nos indica la capacidad que ha tenido la política económica de crear estabilidad. Lo que vemos es que a pesar de un entorno internacional sumamente beneficioso, que propiciaba el crecimiento y la estabilidad de precios, Venezuela no fue capaz de crear prosperidad ni de estabilizar su economía. Este modelo económico fallido nos deja en herencia la profunda crisis que estamos padeciendo hoy en día.

—*¿Qué fallas detecta en la política económica del chavismo para que haya sido el país con menos crecimiento de la OPEP y de América Latina?*

—Lo primero es no haber impulsado la iniciativa privada y eso tiene que ver con aquella frase que Hugo Chávez puso de moda a partir de 2006: «Exprópiese». Cuando los ingresos provenientes del petróleo comenzaron a aumentar la nacionalización, la confiscación y las expropiaciones de empresas se convirtieron en algo que prácticamente sucedía a diario.

Este desplazamiento forzoso de sectores estratégicos que estaban en manos del sector privado se hizo sin respetar los derechos de propiedad, produjo un fuerte incremento de la ineficiencia y una gran pérdida de competitividad. El proceso de nacionalizaciones y expropiaciones se tradujo en niveles mínimos de inversión, inferiores a las del resto de las economías emergentes e insuficientes para crear una economía pujante, generadora de bienestar.

Además este desplazamiento impulsó el gasto público hasta niveles imposibles de mantener. Un gasto amorfo, muy poco eficiente, que no solo fue malgastado sino que se tragó al sector privado.

El otro factor que considero relevante es el control de cambio, que terminó en un gigantesco subsidio a las importaciones que hace más barato importar que producir y que se traduce en una competencia desleal para el sector productivo nacional.

—*¿El mercado se inundó de importaciones baratas gracias a un tipo de cambio que permaneció fijo por largo tiempo mientras el ingreso petrolero financió la fantasía?*

—Efectivamente, el control de cambio fue muy bueno para crear empleo en Colombia e incentivar las inversiones en Brasil. Es una política que adoptó el chavismo que producía crecimiento y enriquecimiento, pero en otros países.

Desde mi punto de vista está claro que no aprendimos la lección de los años 70 en el sentido de lo perjudicial que resulta la sobrevaluación de la moneda. Pero también hay un efecto que es muy importante: el control de cambio te lleva a tener un diferencial cambiario que se traduce en un dólar barato para las importaciones y un dólar paralelo, que irremediablemente surge con el control, mucho más caro para la inversión del sector privado. Es decir, con el control de cambio no solo terminaste con un tipo de cambio oficial fuertemente sobrevaluado sino que además tenías un tipo de cambio de mercado o paralelo, que todos los días te recuerda lo barato que está el dólar oficial. Desafortunadamente, durante estos 15 años el dólar para importar era este tipo de cambio barato, y el tipo de cambio para producir, invertir y ver los frutos de la inversión era el dólar caro, el paralelo.

La economía tiende a fijar sus precios de acuerdo al dólar paralelo y por consiguiente los costos de producir en el país aumentan al ritmo de ese dólar caro, mientras que las importaciones las puedes hacer con el dólar barato. En este ambiente a las empresas nacionales se les hace imposible competir y las terminas desplazando por las importaciones. En muchos casos quienes producían se dedicaron a importar, es decir, cualquiera que fuese el artículo que una empresa elaboraba, como era más caro producirlo que comprarlo en el exterior, era mejor cerrar la planta y convertirse en importador.

Por cierto, esto no tiene nada que ver con que los gobiernos sean de izquierda o de derecha. Si vemos nuevamente las cifras 1999-2014 tenemos que, en promedio, Bolivia crece 4 % al año, Ecuador un 3,9 %, Nicaragua 3,8 % y Cuba 4,9 %, mientras que Venezuela solo 1,9 %. Estos cuatro países son de izquierda y forman parte del ALBA pero han estado claros en que necesitan apoyar a su sector privado, porque de esa manera obtienen crecimiento y estabilidad. En el caso de Cuba las reformas han sido más lentas, pero allí también se han estado tomando medidas para incentivar la iniciativa privada.

—Es decir, uno de los temas de fondo es que el boom *petrolero hizo que el Gobierno creyera que podía prescindir del sector privado. ¿Es esta una característica que lo distingue incluso de los países del ALBA?*

—Existe un factor ideológico: el pensar que con los ingresos petroleros podías apropiarte del sector privado y que esas empresas en manos del Estado iban a distribuir mucho mejor la riqueza. Esta visión no tomó en cuenta temas como la diferencia que existe en la eficiencia del sector privado y el público, el incentivo para la innovación que tienen las compañías privadas.

Pero si bien las expropiaciones y las estatizaciones responden a esa visión caduca del socialismo también hay falta de conocimiento, simple ignorancia de cómo funciona una economía. Lo digo por la sustitución de la producción nacional, por los incentivos que produce el control de cambio hacia el incremento de las importaciones. Allí pienso que hay más un tema de ignorancia.

—¿Cómo evalúa el proyecto del socialismo del siglo XXI? Pareciera que aparte del desplazamiento del sector privado, el

Gobierno terminó avanzando poco en la idea de crear una nueva economía basada en fundos zamoranos y comunas. ¿Es así?

—Dentro del Gobierno existían distintas interpretaciones de qué significaba el socialismo del siglo XXI y diría que en cada país también lo veían de manera diferente. Nunca se logró una definición clara de ese proyecto. La construcción del socialismo del siglo XXI se transformó en una frase vacía, hueca, a través de la cual se pisotean los derechos a la propiedad privada, a la libre iniciativa, y se engaña a un pueblo para que siga esperando su parte de la renta petrolera.

Mi interpretación es que en lo económico se tradujo en más capitalismo de Estado por la transferencia de empresas al sector público y en un incremento de la dependencia que tienen los venezolanos del Gobierno. Al final no se creó una estructura diferente, que verdaderamente empoderara al pueblo, que le permitiera manejar las riendas de su destino. Las comunas no tienen ninguna independencia, bien sea para actividades productivas o desde el punto de vista político, que les permita ser factores de cambio humano, social o económico.

Al final se trata de ensayos fracasados que no habían dado frutos en los otros países donde se intentaron aplicar.

—*En 2013, cuando Nicolás Maduro toma las riendas del país, la economía comenzó a desacelerarse. Después de haber crecido 5,6 % en 2012, el crecimiento tan solo fue de 1,3 % y la inflación saltó desde 20,1 % hasta 56,2 %. ¿Por qué se da este resultado que presagia el ingreso en un túnel de dificultad a pesar de que la cesta petrolera venezolana promedió 99,49 dólares?*

—Durante 2013 y el primer semestre de 2014 se produce el colapso del modelo económico y ocurre antes de la caída de los precios del petróleo; por eso creo que ese período es muy importante para comprender a cabalidad lo que está ocurriendo ahora. A las cifras que señalas de 2013 hay que añadir que durante el primer semestre de 2014, a pesar de que la cesta petrolera venezolana se cotizaba a altos precios, hubo una contracción de la economía que, según las propias cifras oficiales, es de 4,9 % y en el año la inflación se disparó hasta 68,5 %.

El modelo económico estaba destinado a fracasar incluso con elevados precios del petróleo, porque la única manera de mantenerlo en pie es con un incremento constante del valor del barril; es decir, no solo que se mantengan altos sino que aumenten mes a mes. Si se estabilizan, ya no es posible costear el aumento del gasto público, la caída de la producción privada, la ineficiencia de las empresas del Estado, el desequilibrio general.

El modelo fracasa antes de la caída de los precios del petróleo, eso es muy importante.

—*Ciertamente en 2014 y 2015 la inflación comienza a acelerarse notablemente, la economía cae en una fuerte recesión y un severo desabastecimiento. ¿Qué no hizo Nicolás Maduro o qué otra salida tenía para poder evitar este desenlace?*

—Un aspecto clave es que Hugo Chávez de manera intuitiva –porque no creo que fuese por su equipo económico que prácticamente es el mismo de Nicolás Maduro– entendía que llegado el momento tenía que restituir algunos equilibrios. Por ejemplo, no permitía que el tipo de cambio paralelo se separara demasiado del oficial. Eso lo llevaba a devaluar el tipo de cambio oficial o a aumentar la oferta de dólares en el mercado paralelo para evitar que se creara un diferencial gigantesco que acentuara los desequilibrios.

Si observamos los períodos electorales queda claro que en esos años el Gobierno incurre en excesos, el gasto público aumentaba en cantidades importantes para crear un ambiente de bonanza que ayudara a ganar las elecciones con el mayor diferencial posible. Pero alcanzado este objetivo Hugo Chávez aplicaba correctivos, venía un período de mayor austeridad y reducción del gasto o ajustes en el tipo de cambio. Eso lo vemos claramente en 2006, cuando el gasto se dispara a fin de ayudar a que Hugo Chávez lograra una victoria holgada y en 2007 vino el recorte.

En 2012 ocurre exactamente lo mismo. Para ayudar a que Hugo Chávez obtuviera la reelección, el gasto público se disparó hasta niveles históricos; pero la diferencia es que tras el fallecimiento de Chávez y con Nicolás Maduro como Presidente no vino el ajuste. No se llevaron a cabo los correctivos, manteniendo un gasto excesivo, inmanejable, sin acciones en el área económica y, peor aún, sin medidas en el campo cambiario.

—*¿Para no aplicar correctivos como recortes en el gasto púbico y devaluación de la moneda Nicolás Maduro prefiere que el Banco Central financie al Gobierno fabricando dinero y eso es lo que explica la aceleración de la inflación y la disparada del paralelo?*

—Así es. En primer lugar la administración de Nicolás Maduro ha mantenido el tipo de cambio oficial a 6,30 bolívares por dólar, en un ambiente de alta inflación, con lo que recibe una cantidad de bolívares muy baja por los dólares provenientes del petróleo. Al mismo tiempo, para mantener un gasto que equivale a 50 % del PIB, una magnitud que nunca la habíamos tenido en Venezuela, le pide al Banco Central que transfiera bolívares a Pdvsa, ya que la Constitución prohíbe que se lo transfiera directamente al fisco.

Entonces esta es una mezcla muy perjudicial. Un gasto gigantesco, un tipo de cambio oficial artificialmente bajo, con un cambio paralelo irracionalmente alto y un Banco

Central emitiendo dinero para financiar al Gobierno. Esto solo puede terminar en alta inflación, que aunada a los controles de precios culmina en la destrucción del sistema de precios relativos. Es decir, no existe relación lógica del precio de algunas cosas en términos de otras. Por ejemplo, con lo que un venezolano tiene que desembolsar para adquirir un equipo electrónico en Caracas, puede obtener entre 20 y 60 millones de litros de gasolina. De igual manera es una locura que un teniente de nuestras Fuerzas Armadas pueda comprar con su salario mensual tan solo 20 arepas rellenas en cualquier arepera, o que necesite del equivalente de 150 salarios para adquirir una computadora.

Ocurre exactamente igual con todos los bienes o servicios controlados. El dólar a 6,30 bolívares es un producto más que el Gobierno quiere regular y mantener con un precio artificialmente bajo como la gasolina, la harina de maíz precocida o el café, cuando el valor de mercado de la divisa está 120 veces por encima de ese valor. La distorsión no es solo con el dólar, es cuando comparas los precios de cualquier producto regulado con cualquier otro bien.

Como los precios controlados son artificialmente bajos surge el contrabando de extracción y la poca producción nacional se realiza a pérdida. Las empresas más pequeñas quiebran o se dedican a importar lo que antes producían. Las más grandes soportan porque producen productos no regulados, con grandes márgenes de ganancia que les permiten aliviar los números rojos que les ocasionan los bienes controlados. Es un ambiente económico donde solo sobreviven los más fuertes y los pequeños desaparecen. ¿En este entorno quién se decide a emprender una actividad productiva? Siempre va a ser más beneficioso dedicarse a arbitrar mercados, bien sea el arbitraje ilegal de las divisas, el de la gasolina, la harina de maíz precocida y tantas otras cosas.

—*Ante la caída de los precios del petróleo el gobierno de Nicolás Maduro ha optado por recortar drásticamente la cantidad de divisas que asigna al sector privado a fin de mantener los pagos de deuda externa. ¿Había otra salida, qué más podía hacer ante la falta de suficientes petrodólares?*

—En la práctica se está profundizando el modelo que aniquila al sector privado. Ante el descenso del flujo de divisas provenientes del petróleo el Gobierno ha sido incapaz de reducir las importaciones del sector público, de apretarse él mismo el cinturón. Es decir, su voracidad lo lleva a comerse la mayoría de los dólares del petróleo, asfixiando al sector privado, dejándolo prácticamente sin divisas.

Si el recorte en la asignación de dólares hubiese sido en ambos sectores la situación actual sería menos precaria, pero lo que se ha hecho es traspasar todo el peso del ajuste al sector privado para que el sector público continúe exactamente igual.

—*El Gobierno podría decir que el sector público está haciendo las importaciones básicas como alimentos y medicinas, y además está comprando en el exterior insumos que necesitan empresas que están en sectores clave como la Corporación Venezolana de Guayana.*

—Tenemos que fijarnos en la eficiencia que existe en un sector y en otro. Para mí está absolutamente claro que a pesar de que el control de cambio ha creado un entorno que propicia la sobrefacturación y el fraude por parte de empresas de maletín, el sector privado ha demostrado que es mucho más eficiente que el público si se trata de producir o importar.

La realidad es que la sobrefacturación de importaciones, los dólares que terminan entregándose y no se utilizan para comprar productos terminados o insumos en el exterior, son mucho más en el sector público que en la empresa privada.

De acuerdo con un estudio del Ministerio de Finanzas al que tuve acceso, las ineficiencias como sobrefacturación y empresas de maletín alcanzan a 40 % de las importaciones del sector público, mientras que en el área privada, si bien son altas, son la mitad, 20 %.

Otra cifra que desnuda lo que ocurre con el control de cambio es la que dijo la expresidenta del Banco Central de Venezuela, Edmée Betancourt, cuando señaló que por diferentes vías asociadas a la corrupción se perdían 20.000 millones de dólares al año que en teoría deberían traducirse en importaciones.

En un momento de declive de los precios del petróleo lo que también ha debido hacerse es reducir estas ineficiencias, reducir el incentivo a la corrupción y hacer que esos 20.000 millones de dólares que se pierden vayan a financiar importaciones de insumos y materia prima que permitan aumentar la producción y asegurar el pago de los vencimientos de deuda externa.

—*¿Cree que la administración de Nicolás Maduro puede aplicar medidas para evitar una profundización de la crisis?*

—Comparto la tesis de que el temor de Nicolás Maduro a aplicar los correctivos necesarios para restablecer algunos equilibrios básicos le va a costar la revolución al chavismo, este es un gobierno que pasó el punto de no retorno, ya no está en condiciones de aplicar medidas. El presidente Maduro no tiene la credibilidad que se necesita para que un ajuste sea exitoso.

Por ejemplo, si intentara reducir el diferencial entre el tipo de cambio oficial y el paralelo inyectando dólares surgiría una demanda constante por parte de las empresas del sector privado. Este es un gobierno que no por un cambio de ministros, no por un cambio de las políticas que está realizando va a poder estabilizar la economía.

—*¿A qué llama usted pasar el punto de no retorno?*

—Me refiero a que el gobierno de Nicolás Maduro no tiene la capacidad para implementar un ajuste económico de calidad. No creo que bajo la batuta del Presidente puedan aplicarse los correctivos necesarios para detener el avance de la inflación, disminuir la escasez y generar un clima que impulse el crecimiento. Tampoco lo veo negociando con la oposición para lograr el piso que requiere un ajuste.

Por consiguiente, aun si el Gobierno pierde las elecciones parlamentarias previstas para diciembre de este año y Nicolás Maduro entonces piensa que es imprescindible aplicar correctivos económicos y hace un cambio de ministros, la realidad es que el sector privado nacional e internacional va a pensar que en la medida en que no se alcancen los resultados esperados, algo que sucedería por la falta de confianza, esos ministros serán prescindibles.

—*¿La falta de confianza implica que el Gobierno ya es incapaz de sacar al país de la crisis?*

—La falta de confianza es un elemento que hace muy difícil que tenga éxito un ajuste correctivo. Si hubiese un cambio de ministros y se anunciaran modificaciones de políticas pero se mantiene Nicolás Maduro a la cabeza del Gobierno, no habría mayor credibilidad en ese ajuste y no se eliminarían las distorsiones. Eso lleva a la conclusión de que la posibilidad de aplicar correctivos que reduzcan las distorsiones y se logre estabilidad de precios y crecimiento pasa por la salida del presidente Nicolás Maduro.

—*Esa salida, constitucionalmente al menos, no está prevista en el corto plazo.*

—Constitucionalmente podría estar prevista para el año que viene.

—*¿Por un referéndum revocatorio?*

Hay diferentes vías; creo que la vía más adecuada sería una enmienda constitucional propuesta por la Asamblea Nacional que reduzca el periodo presidencial, pero además está el camino de un referéndum revocatorio, también el próximo año.

Pero lo más importante es comprender que un Presidente que pasa el punto de no retorno y al que le restan tres años de su período de Gobierno crea una situación sumamente compleja, que es lo que están viviendo y sufriendo los venezolanos actualmente.

—*¿Es previsible un periodo de mayor turbulencia política, es decir, a estos problemas económicos y a esta inacción del Gobierno se sumaría una crisis política mucho más intensa?*

—Efectivamente, una crisis política mucho más intensa y mayores probabilidades de salidas no constitucionales, como golpes de Estado que no necesariamente traerían mayor estabilidad económica. Esa es una de las principales preocupaciones que tengo con Venezuela.

—*Llama la atención que hombres de mucho poder en el chavismo como Jorge Giordani y Rafael Ramírez le propusieron a Nicolás Maduro que tomara medidas correctivas en 2013 y 2014. Sin embargo no fueron escuchados, de hecho, hoy están fuera del gabinete económico. ¿Por qué cree que Maduro desechó todas esas recomendaciones que venían de gente cercana y que había estado con Chávez durante prácticamente todo el Gobierno?*

—Durante mucho tiempo en Venezuela se habló de que había una división en el gabinete económico entre dogmáticos y pragmáticos. Según esta tesis los dogmáticos impulsaban medidas muy radicales, de mayor control sobre la economía para alcanzar el socialismo del siglo XXI, y los pragmáticos buscaban disminuir las distorsiones económicas.

Ahora todo indica que esa división no era tan grande. Tanto dogmáticos como pragmáticos hablaron de la necesidad de un ajuste, de restablecer algunos equilibrios y todos han terminado saliendo del equipo económico. El primero que lo propone claramente es Jorge Giordani y comienza a ejecutarlo después de las elecciones presidenciales de 2012 o justo antes, cuando el Gobierno ya está convencido de que iba a ganar las elecciones. Jorge Giordani intentó restablecer algunos equilibrios. Además ahora se conocen documentos que él incluyo en su último libro donde están descritas las medidas que le propuso a Nicolás Maduro.

Luego Nelson Merentes y Rafael Ramírez prácticamente proponen la misma receta de la que hablaban la mayoría de los economistas. Creo que la falta de intuición de Nicolás Maduro, el culillo a tomar decisiones en el campo económico porque pensaba que estaban asociadas a un costo político, es lo que al final les va a costar la revolución a los chavistas.

—*En caso de que venga una transición porque el Presidente sale del Gobierno, ¿cómo piensa que debería llevarse a cabo?*

—Cualquier equipo económico que pretenda dirigir esa transición debe buscar todas las herramientas posibles para financiarla y convertirla en un círculo virtuoso. Es fundamental generar la mayor confianza posible en muy poco tiempo, de manera de incentivar la inversión y dar tranquilidad y autonomía a la población de menores recursos. Es importante que sea a través de un Gobierno transparente y democrático, capaz de comunicar y convencer a la población de la necesidad de las reformas económicas. Es necesario financiar la transición buscando un acercamiento con el sistema financiero nacional e internacional para obtener recursos. Eso posiblemente pase por obtener el apoyo de los organismos multilaterales, que tienen experiencia en el manejo de problemas como los que sufre Venezuela.

Hay problemas que son propios de Venezuela y necesariamente habrá que abordarlos con innovación y creatividad. Pero hay otras cosas sobre las que existe un manual de mejores prácticas, de conocimiento técnico, de situaciones parecidas que han vivido otros países que deben ser tomados en cuenta a fin de que este equipo que se conforme para diseñar la transición no tenga que improvisar.

—¿Cree necesario que en esta posible transición haya que acudir al Fondo Monetario Internacional, al Banco Interamericano de Desarrollo?

—Creo que habría que ir, sentarse con ellos, explicarles la situación y negociar. En los últimos 26 años, desde 1989 que fue el primer acercamiento que tuvo el Fondo Monetario Internacional con Venezuela, el fondo y el resto de los organismos multilaterales han acumulado una experiencia, un saber cómo hacer las cosas y han estructurado manuales de mejores prácticas que son interesantes, por lo menos de analizar si es factible o no aplicarlos en Venezuela.

—¿Y no cree que China o el Banco de los Brics pueda hacer ese papel y no el FMI, que siempre son unas siglas que se han vuelto como fatales para los gobiernos de América Latina?

—Esa imagen corresponde al Fondo Monetario Internacional de los años 90. En la crisis financiera internacional de 2008, el fondo acompañó a los países otorgándoles facilidades de crédito en vez de imponer condiciones y restricciones.

Un segundo punto que bien tocas es el de China. Desde mi punto de vista la relación de Venezuela con China va a perdurar después del chavismo. Es un nexo estratégico entre un país con altas necesidades energéticas y otro que puede satisfacerlas. Eso es algo a lo que Venezuela tiene que sacarle el mayor provecho posible. Definitivamente tanto el Fondo Monetario Internacional como China son parte de la solución y no del problema.

—*¿Si en algún momento hay una posibilidad cierta de levantar el control de cambio habría que hacerlo de manera gradual o como lo hicieron los gobiernos de Carlos Andrés Pérez y Rafael Caldera, de un día para otro?*

—Se necesita toda la gradualidad posible y no es una respuesta ambigua. Es cierto que desactivar una bomba tiene una variable de tiempo pero debe hacerse minimizando los riesgos. Entonces el equipo económico que se proponga levantar el control de cambio debe utilizar todas las herramientas para obtener un mayor flujo de divisas. Para levantar el control de cambio de manera gradual es necesario partir de una posición de fortaleza. Los mercados internacionales, los organismos multilaterales, incluso con la profundización de acuerdos con China, podrían darnos esa fortaleza. Eso es lo que permitiría hacerlo gradualmente.

—*Analistas señalan que si Venezuela mañana toma unas pocas medidas como unificar el tipo de cambio y aumentar la gasolina se acabaría buena parte de los problemas, porque el déficit fiscal disminuiría y el país entraría en un periodo de estabilización. ¿Hay medidas mágicas?*

—Como te comenté, yo creo que la gradualidad dentro del gobierno de Maduro se perdió. Para un nuevo gobierno no es que necesariamente se requiera un plan de *shock*, todavía a un precio del petróleo entre 40 y 50 dólares el barril existirán divisas suficientes para honrar los compromisos externos y mantener un nivel adecuado de importaciones que permita el crecimiento del sector privado. Eso efectivamente está allí, pero las distorsiones han llegado a un punto tan grande que, de la misma manera, para un nuevo gobierno va a ser necesario un ajuste importante y profundo. Ya no es posible ir moviendo el tipo de cambio oficial 10 % o 20 %.

—*Desde el punto de vista de algunos analistas los precios están de acuerdo al tipo de cambio paralelo que actualmente es de 700 bolívares por dólar. Por lo tanto, si se coloca un solo tipo de cambio oficial alrededor de 60 bolívares por dólar los precios no recibirían un impulso extra y el Gobierno disminuiría su déficit porque obtendría más bolívares por cada petrodólar. ¿Qué opina?*

—Ese es un análisis que era cierto hace dos o tres años. La posibilidad de la gradualidad se ha ido cerrando y la unificación cambiaria va a pasar por la rectificación de los precios relativos. Muchos precios de bienes de primera necesidad se van a incrementar de manera importante mientras otros precios se van a reducir. Es por ello que es fundamental aplicar un programa de transferencias para todos los venezolanos, incluida la clase media. Pero las distorsiones crecen y por la corrupción, la ineficiencia, se está perdiendo una cantidad de dólares demasiado grande.

—*¿Como los productos básicos, alimentos y medicinas tienen precios de acuerdo al dólar de 6,30 bolívares una devaluación implicaría un incremento en el costo de estos bienes que principalmente golpearía a los más pobres?*

—Efectivamente. Si bien es cierto que el precio de productos no controlados o que tienen flexibilidad se ha ido moviendo de acuerdo al tipo de cambio paralelo, existe una gran cantidad de productos que reflejan el tipo de cambio oficial de 6,30 bolívares. En la mayoría de estos casos se trata de productos en los que las clases de menores recursos gastan una proporción muy importante de sus ingresos.

—*Hay quienes consideran que Venezuela va camino a una hiperinflación. ¿Comparte esta opinión? ¿Qué tan cerca o lejos ve ese escenario?*

—Claramente Venezuela está inmersa en un periodo hiperinflacionario que se traduce en una fuerte caída del poder adquisitivo, incluso mayor a la que hubo en países que ya sufrieron una hiperinflación. Porque no es igual la hiperinflación en países donde existen mecanismos de indexación, que amortiguan el efecto del incremento acelerado de los precios, a uno como Venezuela donde no hay ningún tipo de protección. Por supuesto, en los países con indexación es más difícil aplicar los correctivos necesarios, pero en Venezuela la alta inflación destruye con más fuerza el poder de compra de los asalariados.

No podemos pensar que la definición de hiperinflación sigue siendo la misma, la clásica, surgida en los años 50 después de la Segunda Guerra Mundial y que indica que se requiere una inflación mensual de 50% para estar en hiperinflación.

—*¿Es hiperinflación porque la inflación nuestra comparada con la de los otros países es sumamente alta?*

—Así es. Pienso que la inflación va a cerrar 2015 en niveles cercanos a 200%, cuando en el resto de los países de la OPEP y en América Latina es de un dígito y en muchos casos bastante baja, de 2% o 3%. Venezuela tiene la inflación más alta del mundo, pero este es un tema que pasó de moda en el resto de los países.

A esto se añade lo que ya te comenté: como no hay mecanismos de protección, la caída del poder adquisitivo de los venezolanos es muy fuerte.

—*¿Qué está generando esa aceleración tan rápida de los precios y qué cree que la seguirá impulsando en el corto plazo?*

—En primer lugar la monetización del déficit, el Banco Central imprimiendo monedas y billetes para cubrir gasto. Lo segundo es el efecto que tiene el dólar paralelo en una cantidad importante de precios. En 2010 el Gobierno cerró las casas de bolsa y acabó con un mercado paralelo mucho más transparente que el actual. Hoy los venezolanos se enteran del precio del dólar paralelo a través de Dólar Today, una página web, y no sabemos qué intereses puede haber en la fijación del tipo de cambio.

Otra distorsión que creó el Gobierno es dejar de vender dólares directamente en el mercado paralelo. Ha creado una serie de mecanismos como Sitme, Sicad I, Sicad II y últimamente el Simadi, que en la práctica han funcionado como barreras para que las divisas lleguen al mercado paralelo.

—*¿Es necesario que Pdvsa o el Banco Central vendan dólares directamente en un mercado paralelo ordenado para que este tipo de cambio sea más racional?*

—Así es. Tienes que hacerlo directamente y respetando las leyes de la oferta y la demanda. Entre 2003 y 2010 el Gobierno hacía intervenciones directas en el mercado paralelo. Muy poco transparentes quizás, con prácticas que incentivaron la corrupción, pero gracias a esto el dólar paralelo no se salió de control.

Entre 2010-2012, aunque ya existía una ley que le prohibía al sector público vender dólares directamente, lo cierto es que hubo intervenciones a través de lo que gente allegada al mercado llamaba una mesa de dinero. Esto permitió estabilidad.

A finales de 2012, se rompe con esto y se comienzan a crear estructuras como Sicad y Simadi, que han hecho que el Gobierno ya no venda dólares directamente en el mercado paralelo y es cuando comienza la escalada del dólar.

—*Un aspecto que está gravitando es si Venezuela podrá continuar pagando sus compromisos de deuda externa, sobre todo en medio de una mayor caída de los precios del petróleo. Cuando en su reporte del 18 de agosto de 2015 dice que Venezuela enfrenta más un problema de liquidez que de solvencia, ¿a qué se refiere concretamente?*

—Venezuela es un país sumamente rico, posee 300.000 millones de barriles de petróleo en su subsuelo, tiene activos muy valiosos que superan por mucho a los pasivos, pero que no están líquidos y por tato no le ayudan al pago de los compromisos de deuda.

—*¿El que Venezuela cumpla con sus compromisos de deuda externa en el corto plazo depende básicamente de que los precios del petróleo se recuperen o de que China le preste recursos?*

—En el corto plazo sí, efectivamente para los pagos de deuda externa que debe hacer en el corto plazo va a depender del desenvolvimiento de los precios del petróleo o de un mayor financiamiento por parte de China. Pero en el mediano y largo plazo depende de una reforma del modelo económico.

Si no hay un cambio de rumbo, por más que China le dé una bombona de oxígeno a Venezuela o que el precio del petróleo se recupere, sin reforma a fondo del modelo económico el país va a terminar en un *default*, es decir, en una cesación de pagos de la deuda externa. También va a continuar con la restricción de divisas en la economía.

—*¿Si el Gobierno continúa entregando dólares a 6,30 bolívares va a llegar a una situación de iliquidez, independientemente de los precios del petróleo o los préstamos de China?*

—Sin una unificación cambiaria siempre va a existir una demanda de dólares muy superior a la oferta. Esto a su vez va a traducirse en una gran ineficiencia que terminaría en un *default* tanto interno como externo.

—El principal impacto de incumplir con los pagos de deuda externa es que al país que lo hace se le cierra el financiamiento en el exterior. Pero en este momento Venezuela ya tiene cerrado de hecho el mercado internacional porque para comprarle bonos le exigen una tasa de interés gigantesca por el riesgo país. ¿Cuál sería el impacto de un default?

Lo más preocupante en una cesación de pagos son los inmensos costos que podría haber para los venezolanos por el impacto que habría en Pdvsa, la principal empresa del país. Pdvsa hoy por hoy tiene una gran cantidad de activos internacionales que podrían estar sujetos a embargo. Posee participación parcial o control total de 14 refinerías en el extranjero, 23 tanqueros en las aguas del mundo transportando petróleo, cuentas por cobrar muy importantes.

El embargo de las refinerías no sería lo más preocupante, aunque por supuesto son activos muy valiosos, sino el embargo de las exportaciones petroleras que se traducirían en un corte abrupto en el flujo de divisas que recibe el país. Los costos de no pagar son muy altos y Venezuela debería continuar honrando sus compromisos internacionales, mientras tenga capacidad de pago.

Se está estableciendo un falso dilema en el sentido de que Venezuela debe elegir entre pagar su deuda externa o cumplir los compromisos con el sector privado a fin de mantener las importaciones. Es un falso dilema porque existen suficientes divisas para las dos cosas. El problema está en el modelo económico y específicamente en un control de cambio que crea barreras e ineficiencias que impiden que el flujo de divisas vaya al sector privado y al pago de los compromisos externos.

Si las ineficiencias son tan grandes como lo planteó Edmée Betancourt de 20.000 millones de dólares al año, corrigiéndolas las importaciones reales serían las adecuadas. Habría más productos, más materia prima en manos del sector productivo nacional.

—*¿Cómo ve la situación de Pdvsa? ¿La caída de los precios del petróleo va a desnudar a una empresa en muy mal estado? ¿Cree que puede aumentar la producción?*

—Desde mi punto de vista producir petróleo en Venezuela es muy barato y sencillo respecto a otras partes del mundo. A pesar de la pérdida de conocimiento que sufrió Pdvsa por el despido de trabajadores en 2002-2003, la producción se restableció de manera mucho más rápida de lo que la mayoría de los analistas esperábamos.

Dicho esto hay que señalar que con el nivel técnico que tiene actualmente Pdvsa, los ahorros y su estructura financiera, es imposible que lleve adelante un plan de crecimiento rápido de la producción petrolera sin alianzas estratégicas con compañías extranjeras.

La era del petróleo como principal fuente de energía no va a llegar a su fin por falta de petróleo. Entonces, de continuar con la política de los últimos 20 o 30 años, muy probablemente de esa inmensa masa de recursos que hoy tiene Venezuela en el subsuelo una parte importante se va a quedar allí.

—*Se comenta insistentemente que Pdvsa está haciendo cambios en las condiciones que establece en los contratos para atraer inversión extranjera hacia la Faja del Orinoco. ¿Es así?*

—Siempre el descenso de los precios del petróleo ha significado mayor pragmatismo por parte de los gobiernos venezolanos. El declive que hubo en los años 80 y 90 condujo al proceso que se llamó la apertura petrolera y que permitió que empresas extranjeras invirtieran e impulsaran la producción.

En el período 2008-2009, durante la crisis financiera internacional, también se produjo una caída de los precios y eso llevó a la búsqueda de inversión extranjera para desarrollar la Faja del Orinoco. No obstante este proceso ha sido lento y desordenado. Pareciera que las empresas extranjeras siguen a la espera de mejores momentos para llevar adelante un plan de inversiones en el país.

—¿En sus frecuentes viajes a Caracas con cuáles funcionarios ha conversado? ¿Qué ha captado en cuanto a la percepción que tienen de la crisis?

—Ha habido un proceso. Lo que capté hace un tiempo es que diferentes funcionarios plantearon la necesidad de un ajuste y ninguno fue escuchado. Me refiero a lo que comentamos antes, a que el grupo al que se le llamaba dogmático, encabezado por Jorge Giordani, pensaba que Venezuela estaba viviendo muy por encima de sus posibilidades y era necesario abrocharse el cinturón, aumentar el precio de los servicios como las tarifas eléctricas, la gasolina, y una corrección cambiaria.

Luego Nelson Merentes y Rafael Ramírez también propusieron un ajuste, que se tomaran medidas económicas. Pero hoy por hoy lo que se percibe es una inmensa parálisis y la búsqueda de caminos que conducen hacia la radicalización del proceso, a una ruptura más profunda de la economía venezolana, no a corregir el rumbo o hacia el diálogo con el sector privado.

Hoy veo al Gobierno explorando caminos de nacionalización de la banca, mayor radicalización.

—¿Explorando caminos de nacionalización de la banca?

—Efectivamente, creo que hay gente dentro del Gobierno que piensa que parte de la turbulencia cambiaria es culpa de los bancos locales y por consiguiente pueden ver dentro de su miopía la nacionalización de algunas entidades financieras grandes, como un paso importante para la estabilidad y detener el ascenso del dólar paralelo.

Por supuesto que eso lo que va a traer es mayor desconfianza, más pánico y destrucción de riqueza de todos los venezolanos; es decir, lo que terminaría produciendo –y lo hemos visto en diferentes partes del mundo– es un muy fuerte incremento de la pobreza, una muy fuerte caída del poder adquisitivo, una mayor desesperación de los venezolanos.

—*¿O sea que al final apostaría a que el Gobierno se va a radicalizar, independientemente del resultado de las elecciones de diciembre o cree que una derrota detendría ese camino?*

—Estoy del lado pesimista. Veo más probabilidades de que este gobierno –que como te comenté, creo que pasó el punto de no retorno– decida huir hacia adelante y se radicalice con más fuerza e incremente la represión en términos políticos.

Las posibles medidas económicas que podría implementar en este contexto van a ser más dolorosas y causarían mayor caída en el poder adquisitivo de todos los venezolanos.

VIII. La calle ciega

DESDE 1999, BAJO EL MANDO DEL CHAVISMO, Venezuela ha caminado por una larga calle ciega y, mientras siga avanzando, más deberá retroceder para reencontrar la vía principal. Las páginas anteriores demuestran que el futuro no está en un sistema sin poderes autónomos y mayor debilidad institucional; tampoco en una economía que incrementa la dependencia del ingreso petrolero. El porvenir no puede ser una madeja de controles que asfixia al sector privado, aleja la inversión e impide la creación de empleos de calidad y el salto hacia la productividad; el mañana no lo representan empresas públicas quebradas o políticas sociales que disfrazan la pobreza y dejan intactas sus causas estructurales.

Desde finales de los años 70, tras el agotamiento del modelo de sustitución de importaciones, el país busca reencontrar el camino del crecimiento sostenido, baja inflación, desarrollo y ascenso social. Por más de tres décadas la sociedad venezolana ha sido incapaz de reemplazar el modelo económico para aumentar la productividad, diversificar las exportaciones, ganar espacios en el mercado internacional y contar con una industria competitiva.

El chavismo forma parte de este período de evasión y extravíos, pero además ha sido una fuerza retrógrada. La base industrial que alguna vez tuvo Venezuela está severamente golpeada tras dieciséis años en los que se profundizó la desinversión, deliberadamente se minimizó al sector privado y avanzó un esquema cavernario: mientras las empresas nacionales cierran plantas por falta de materia prima el mundo se mueve hacia la tercera revolución industrial, la robótica y la internet de las cosas.

En el terreno institucional también ha habido un movimiento retrógrado. Durante los gobiernos de Acción Democrática y Copei las instituciones eran débiles y los controles imperfectos, no obstante, aquel pasado luce envidiable. El megaestado militarizado del chavismo ha copado todos los ámbitos de la economía sin rendir cuentas. El balance de la gran mayoría de las empresas públicas es secreto, el Banco Central oculta las estadísticas oficiales, la Asamblea Nacional no interpela a los ministros y afloran casos de corrupción por cantidades macroeconómicas.

En 1984 Moisés Naím y Ramón Piñango publicaron un análisis donde alertaron de que en vista del fin de la abundancia y la crisis que emergía tras el Viernes Negro de 1983, la sociedad venezolana debía abocarse a fortalecer las instituciones y los mecanismos para dirimir conflictos. Advertían de «la carencia de información básica, la desconfianza en el sistema judicial por su posible parcialización, la ligereza y descarada partidización de las decisiones del Congreso, lo poco representativo de los concejos municipales y la falta de independencia de muchos medios de comunicación social»[1].

No hubo avances en esta dirección y la combinación de la caída del ingreso petrolero, el quiebre del modelo eco-

---

[1]   El análisis está incluido en el libro *El caso Venezuela: una ilusión de armonía*, publicado por Ediciones IESA en octubre de 1984.

nómico y la inexistencia de árbitros confiables para resolver los conflictos sumergieron al país en un período turbulento que incluye el Caracazo de 1989 y dos intentos de golpes de Estado en 1992.

¿Qué ha de pasar ahora cuando el socialismo del siglo XXI ha derivado en una economía caotizada y la fragilidad institucional es mayor? ¿Qué sucederá en una época en que la pobreza aumentará y la clase media sufrirá un severo descenso en su calidad de vida?

¿Marcha atrás?

Comenzar a retroceder en la calle ciega implica un ajuste integral que equilibre la economía y logre sacarla de manera permanente del ciclo de alta inflación y recesión; eliminar el control de precios, el control de cambio, que instituciones como el Banco Central de Venezuela recuperen la autonomía, impulsar la creación de un sistema judicial confiable e imparcial, rescatar los derechos de propiedad, negociar con el sector privado una serie de políticas que permitan industrializar a Venezuela, atraer inversión, enfrentar el atraso tecnológico y los cambios demográficos, así como crear planes sociales eficientes. En fin, se trata de desmontar el eje central del chavismo y acabar con la concentración del poder para dar paso a una apertura democrática[2]. ¿Puede y quiere el presidente Nicolás Maduro dirigir un retroceso de este tipo? Todo apunta a que no es posible esperar una marcha atrás de estas dimensiones. Aun si Ma-

---

2 Este enfoque pertenece a Luis Zambrano Sequín, quien lo plantea en la entrevista que hice para el portal Prodavinci titulada «¿Por qué el Gobierno no toma medidas económicas?».

duro decidiese intentarlo, se trata de un presidente con poco capital político para asimilar el costo que tendría el ajuste en términos de popularidad; tampoco controla todas las corrientes del chavismo y es de esperar que surja oposición dentro del Partido Socialista Unido de Venezuela (PSUV) a un viraje de este tipo. Asimismo, la probabilidad de que el sector privado confíe en las reformas luce remota.

Por lo tanto, no es descartable que Nicolás Maduro intente caminar hacia adelante por la calle ciega. Que se decida a minimizar aún más el rol del sector privado en la economía y sea el Estado el que realice todas las importaciones, que tome las riendas de los mecanismos de distribución, que incremente la banca pública, fortalezca el racionamiento y, en fin, haga que el socialismo del siglo XXI sea aún más parecido al fracasado socialismo del siglo XX, el mismo que colapsó en la URSS y China dejó a un lado.

Este esquema a lo sumo sería acompañado por medidas cosméticas en el ámbito macroeconómico como una posible devaluación del bolívar o un eventual incremento en el costo de productos subsidiados, así como en la espera de un alza importante en los precios del petróleo que al menos en el corto plazo no luce posible. Al final, se trataría de un entorno donde la economía continuaría deteriorándose y un esquema cada vez más cavernario.

A estas perspectivas de inestabilidad se suma un ciclo electoral que amenaza con impulsar el inicio de cambios políticos. El 6 de diciembre de 2015 los venezolanos elegirán una nueva Asamblea Nacional y, si el chavismo pierde la mayoría parlamentaria, Nicolás Maduro se convertiría en un presidente aún más débil ante el resquebrajamiento de la hegemonía chavista.

En la acera de enfrente se encuentra una oposición con líderes encarcelados, como es el caso del dirigente Leopoldo

López, y visiones distintas que han requerido de problemáticas negociaciones para preservar la unidad, pero con un respaldo que según las encuestas más confiables al cierre de la primera semana de octubre abre la posibilidad de que obtenga la mayoría de los diputados en la próxima Asamblea Nacional.

Por ahora se trata de una intención de voto soportada en el deseo de castigar al chavismo por la inflación, la escasez, la pérdida de calidad de vida; no obedece a un apoyo decidido hacia una propuesta que implique retroceder en la calle ciega. La oposición no ha hecho una conexión sólida sustentada en el soporte a una agenda de cambios estructurales.

Un triunfo opositor en las elecciones del 6 de diciembre de 2015 representaría un paso inicial en un proceso en el que eventualmente el chavismo perdería el poder y un nuevo gobierno tendría la posibilidad de plantear cambios de fondo y llevarlos a cabo, si es que cuenta con el consenso y el músculo político para concretarlos.

¿Será capaz Venezuela de dar marcha atrás en la calle ciega y regresar a la vía principal?